ANTE EL MIEDO
Y LA INCERTIDUMBRE

Ante el miedo y la incertidumbre

108 enseñanzas prácticas para desarrollar la compasión y la lucidez

PEMA CHÖDRÖN

Compilado y editado por
EMILY HILBURN SELL

Gaia
Ediciones

Título original: *Comfortable with Uncertainty*

Traducción: Diego Merino Sancho

Diseño de cubierta: Equipo de Alfaomega

© 2002, Pema Chödrön y Emily Hilburn Sell
Publicado por acuerdo con Shambhala Publications, Inc., 4720 Walnut Street,
Boulder, CO 80301, EE.UU.

El canto tradicional de los Cuatro Ilimitados está adaptado de la traducción del
Nālandā Translation Committee.

Las máximas del lojong son reimpresiones de The Root Text of the Seven Points of
Training the Mind © 1981, 1986 Chögyam Trungpa; traducción revisada de Diana
J. Mukpo, © 1993, y el Nālandā Translation Committee.

El canto de la Dedicación de los méritos ha sido traducido al inglés por el Nālandā
Translation Committee.

De la presente edición en castellano:
© Gaia Ediciones, 2018
 Alquimia, 6 - 28933 Móstoles (Madrid) - España
 Tels.: 91 614 53 46 - 91 614 58 49
 www.alfaomega.es - E-mail: alfaomega@alfaomega.es

Primera edición: noviembre de 2019

Depósito legal: M. 30.573-2019
I.S.B.N.: 978-84-8445-815-9

Impreso en España por: Artes Gráficas COFÁS, S.A. - Móstoles (Madrid)

Que todos los seres sintientes puedan disfrutar de la felicidad y de las causas de la felicidad. Que estemos libres del sufrimiento y del origen del sufrimiento. Que no permanezcamos separados de la gran felicidad en la que no existe sufrimiento alguno. Que vivamos inmersos en la gran ecuanimidad, libres de toda pasión, agresión y prejuicio.

Índice

Prólogo de la editora

Este libro contiene una recopilación de 108 enseñanzas prácticas extraídas de diversas obras de Pema Chödrön. Se trata de una serie de instrucciones esenciales para llevar una vida acorde con el espíritu de los principios del budismo *mahayana*. *Mahayana* significa «el vehículo mayor», y hace referencia a la vía que nos va sacando de forma gradual de nuestro pequeño y limitado mundo de egoísmo y preocupación por nosotros mismos para sumergirnos en el de la unión y la confraternidad con todos los seres humanos (un mundo mucho más abierto y espacioso). Las enseñanzas aquí recopiladas nos permiten hacernos una primera idea sobre cómo son la visión *mahayana* y las prácticas de meditación propias de esta escuela, y ponen en nuestras manos una serie de consejos para aplicar esta filosofía en la vida cotidiana.

Pema pertenece a un largo linaje de maestros y enseñanzas. Aunque su estilo es único y personal, nada de lo que enseña es estrictamente suyo. La mayor influencia que encontramos en sus enseñanzas es la de Chögyam Trungpa Rimpoché, su principal mentor y gurú y uno de los primeros tibetanos en presentar el budismo a los occidentales en inglés (para lo cual ha recurrido a una combinación de la sabiduría de los linajes *kagyü* y *nyingma* del budismo tibetano y las concepciones propias del reino de Shambhala). El término *Shambhala* hace referencia a una legendaria sociedad iluminada profundamente arraigada en la idea o la visión de la bondad básica (la benevolencia fundamental que todos llevamos dentro), así como en la práctica de la meditación y el cultivo de la *bodhichitta*, el corazón despierto de la amorosa bondad y la compasión. Según cuenta la historia, el primer rey de Shambhala recibió las enseñanzas directamente del Buda, las puso en práctica, y después las transmitió a sus súbditos. Rimpoché se refiere a esta tradición meditativa secular como *la vía sagrada del guerrero*, poniendo así de relieve nuestra naturaleza inherentemente despierta (la «bondad básica o fundamental» que está presente tanto en nuestro propio interior como en nuestro entorno). Por medio de la práctica de la meditación descubrimos esta bondad básica y aprendemos a cultivar la *bodhichitta*, y, gracias a esta forma de ver el mundo, a esta práctica y esta actividad, hasta la situación más mundana se convierte en un vehículo para el despertar.

Estas enseñanzas han sobrevivido durante tanto tiempo (al menos durante dos mil quinientos años) porque sus cimientos se hunden firmemente en principios universales y en los aspectos prácticos de la vida cotidiana. No son en absoluto dogmáticas; de hecho, en esta vía se anima en todo momento a los estudiantes a que las pongan a prueba, a que experimenten por sí mismos la verdad (el *dharma*) que contienen. Por esta razón poseen un alto grado de adaptabilidad, es decir, son capaces de adaptarse a cualquier idioma y cultura. Al adecuar las antiguas disciplinas del budismo y la «tradición guerrera» de la escuela Shambhala a la cultura y la mentalidad propias del mundo moderno, Pema Chödrön continúa la tradición budista iniciada por Trungpa Rimpoché.

En esencia, estas enseñanzas nos indican que por medio del cultivo del *mindfulness* (la atención plena o atención consciente) podemos llegar a ser conscientes de nuestra verdadera riqueza inherente y compartirla con los demás. Este tesoro esencial se denomina *bodhichitta*, y es como una preciosa joya enterrada profundamente en nuestro interior, una joya que nos pertenece y que podemos desenterrar tan pronto como las condiciones para hacerlo hayan madurado lo suficiente. Por lo general, se suele hablar de dos modalidades de *bodhichitta*: la absoluta y la relativa. La *bodhichitta absoluta* es nuestro estado natural, que experimentamos como la bondad básica que nos une a todos los demás seres vivos del planeta. Se la conoce por muchos nombres: apertura, verdad última, nuestra verdadera naturaleza, rincón sensible, corazón tierno o, simplemente, «lo que es». Combina las cualidades de la compasión, la apertura incondicional y la inteligencia aguda y penetrante y está libre de conceptos, opiniones y nociones dualistas referentes a «uno mismo» y «lo otro» o «los demás».

Aunque la *bodhichitta absoluta* es nuestro estado natural, la apertura incondicional que la caracteriza suele resultarnos demasiado intimidante. Nuestro corazón se siente tan débil y vulnerable que construimos toda una serie de muros a su alrededor para protegerlo. Por ello, hasta para simplemente tomar conciencia de la existencia de estos muros tenemos que llevar a cabo un trabajo interior minucioso y concienzudo y contar con una gran determinación y fuerza de voluntad. Además de eso, para superar los muros necesitamos adoptar una actitud amable, paciente y sosegada. Como lo expresa la propia Pema: «No tenemos por qué derribarlos de una sola vez ni cargar contra ellos con un mazo». Aprender a descansar en esta bondad básica (a abrir por completo nuestro corazón) es un proceso que dura toda la vida, y estas enseñanzas nos ofrecen técnicas precisas y asequibles para ayudarnos en el camino.

Por su parte, la *bodhichitta relativa* se refiere al arrojo y la compasión que hacen falta para investigar las partes más tiernas y vulnerables de nuestro corazón, para permanecer abiertos a él ta nto como nos sea posible y para expandirlo de forma gradual. La cuestión clave a la hora de cultivar la *bodhichitta relativa* es no dejar de seguir abriendo nuestro corazón al sufrimiento, no cerrarlo en ningún momento. Así, poco a poco, vamos aprendiendo a descubrir las cualidades ilimitadas del amor, la compasión, la alegría y la ecuanimidad, y a extender dichas cualidades para que incluyan también a los demás. Se requiere un gran valor y una gran ternura para ejercitarse de forma consistente en este ir haciendo nuestro corazón cada vez más y más grande.

Existen diversas prácticas que nos ayudan a abrir nuestro corazón tanto a nosotros mismos como a los demás. La más básica de ellas es la meditación sedente, que nos permite familiarizarnos con la insustancialidad (la absoluta falta de algo a lo que agarrarnos o en lo que apoyarnos) y la espaciosidad propias de nuestra verdadera naturaleza. Otra práctica fundamental es el entrenamiento mental (*lojong* en tibetano), el cual hemos heredado de Atisha Dipankara, el maestro budista del siglo XI. Este entrenamiento de la mente consta de dos elementos: la práctica de «dar y tomar» o «recibir y enviar» (*tonglen* en tibetano), en la que tomamos el dolor y damos o enviamos placer; y la práctica de las máximas, en la cual usamos una serie de lemas, consignas o eslóganes concisos para revertir nuestra actitud habitual de absorción en nosotros mismos. Estos métodos nos enseñan a usar lo que en principio podrían parecer nuestros mayores obstáculos (la ira, el resentimiento, el miedo, los celos) como la energía que nos permite alcanzar el despertar.

En este libro, Pema nos enseña meditación sedente, *tonglen*, el trabajo con máximas y las prácticas de aspiración de las cuatro cualidades ilimitadas, presentándolas como portales de acceso al corazón despierto de la *bodhichitta*. Al establecer una práctica diaria de meditación sedente, nos familiarizamos con nuestra apertura natural de corazón, nos vamos estabilizando y afianzando en ella. Luego, en la vida cotidiana (es decir, cuando ya no estamos sentados en el cojín meditando formalmente), comenzamos a probar y experimentar lo que es mantener el corazón abierto incluso ante circunstancias que nos resulten incómodas o desagradables. Con la práctica del *tonglen* y de las máximas empezamos a ser capaces de percibir el verdadero sabor (la verdadera naturaleza) de todo aquello que tememos y a tender de forma voluntaria hacia cosas o situaciones que habitualmente procuramos evitar. Para ampliar nuestros límites y abrir nuestro corazón aún más practicamos la expansión de las cuatro cualidades ilimitadas —la amorosa bondad (*maitri* en sánscrito), la compasión, la alegría y la ecuanimidad— con la aspiración de hacerlas extensivas a los demás.

Asimismo, también podemos comprometernos con ciertas actividades particulares (*paramitas* en sánscrito) que nos ayudan a ir más allá de esa extraña tendencia que tenemos los seres humanos a protegernos del goce y la alegría que caracterizan al corazón despierto. Pema denomina a estas actividades las *seis maneras de vivir compasivamente*: generosidad, paciencia, disciplina, esfuerzo, meditación y *prajna* o sabiduría. La base de todas estas prácticas es el cultivo de la *maitri*, una amorosa bondad incondicional con nosotros mismos que, en todo momento, nos aconseja: «Empieza ahí, ahora, justo donde estás».

En términos budistas, a este camino se le conoce como la actividad del *bodhisattva*. Dicho brevemente, un *bodhisattva* es alguien que aspira a actuar desde la base de un corazón despierto. En términos de las enseñanzas de Shambhala, es la *vía* o el *camino del guerrero*. Con el fin de fusionar estas dos corrientes, a Pema le gusta usar el término *guerrero-bodhisattva*, el cual hace referencia a una energía nueva y penetrante que se expresa como la disposición a sumergirnos voluntariamente en el sufrimiento para el beneficio de los demás. Dicha acción tiene que ver con superar los autoengaños, los mecanismos de autoprotección y otras reacciones habituales que utilizamos para mantenernos seguros, para no salir de nuestra prisión conceptual. Al atravesar estas barreras del ego con cuidado, delicadeza y precisión, desarrollamos una experiencia directa de la *bodhichitta*.

Algo que tienen en común quienes recorren esta senda es la inspiración de dejarse caer alegremente en brazos de la incertidumbre. La causa raíz del sufrimiento se encuentra en resistir la certeza de que, independientemente de cuáles sean las circunstancias, lo único con lo que podemos contar realmente es con la incertidumbre. Las enseñanzas de Pema nos alientan a abrazar la incertidumbre, a sentirnos cómodos con ella, a experimentar con esta disposición y, luego, ver qué sucede. Lo que llamamos incertidumbre es en realidad la apertura que caracteriza a cualquier momento dado. Cuando logramos estar presentes a esta apertura (del mismo modo que ella siempre está abierta para nosotros) descubrimos que nuestra capacidad de amar y cuidar a los demás es ilimitada. Las enseñanzas de esta obra pueden servir como recordatorio diario, semanal o mensual de los puntos clave de esta vía a aquellos lectores que ya hayan recibido instrucción sobre meditación. Para quienes aún no hayan comenzado a meditar, el libro está concebido como una fuente de información e inspiración a la que poder recurrir, pero no como sustituto de la instrucción meditativa personal. En este sentido, al final del libro se incluye una lista de recursos con el fin de que los lectores puedan encontrar más fácilmente un instructor de meditación.

Muchas gracias a Tingdzin Ötro, Tessa Pybus, Julia Sagebien, John y David Sell, quienes se han ocupado de transcribir los textos de Pema, y al personal de Shambhala Publications, especialmente a Eden Steinberg, por su apoyo y su aliento en este proyecto. Todos estamos profundamente agradecidos a Pema por personificar la vía del guerrero-*bodhisattva* y por transmitirla de una manera tan certera y adecuada.

Estas 108 enseñanzas se han extraído de ensayos más extensos y elaborados que forman parte de los libros anteriores de la autora. A la hora de organizarlos y editarlos los he visualizado como si conformasen un abalorio de cristal con 108 facetas distintas; una joya que el lector puede contemplar desde la perspectiva que prefiera. Ojalá que el beneficio que puedan aportar no tenga medida.

EMILY HILBURN VENDER

ANTE EL MIEDO Y LA INCERTIDUMBRE

1

El amor que no morirá

EL DESPERTAR ESPIRITUAL suele describirse como un viaje que lleva a la cima de una montaña. Dejamos atrás nuestros apegos y nuestra mundanidad para comenzar a abrirnos paso lentamente hacia la cumbre. Una vez alcanzada, hemos trascendido todo sufrimiento. El único problema de esta metáfora es que, en el ascenso, dejamos atrás a todos los demás. Su sufrimiento continúa, y nuestra liberación personal no lo alivia en lo más mínimo.

En el viaje que emprende el guerrero-*bodhisattva*, el camino no se dirige hacia arriba, sino que desciende; es como si escalásemos una montaña cuya cima apunta a la tierra en lugar de al cielo. En vez de trascender el sufrimiento de todas las criaturas, ahondamos más profundamente en sus dudas y su agitación siempre que tenemos ocasión. Exploramos la realidad e imprevisibilidad de la inseguridad y del dolor sin tratar de rechazarlos. Da igual si tardamos años o vidas enteras en alcanzar nuestro propósito; dejamos que las cosas sean como tengan que ser mientras vamos descendiendo a nuestro propio ritmo, despacio, sin embestidas violentas. Con nosotros hacemos avanzar también a millones de seres, nuestros compañeros en este despertar del sueño del miedo. Y en lo más profundo descubrimos el agua sanadora de la *bodhichitta*: nuestro corazón herido y macerado. Y justo ahí, plenamente inmersos en el trasiego y los asuntos de la vida mundana, descubrimos el amor que jamás morirá, el amor que es, en sí mismo, la *bodhichitta*. Cálido, suave, acogedor, claro, punzante, abierto, espacioso. El corazón despierto de la *bodhichitta* es la bondad fundamental que todos los seres llevamos en nuestro interior.

2
El poder sanador de la bodhichitta

BODHICHITTA ES UNA PALABRA sánscrita que significa «corazón noble o despierto». Así como la mantequilla está contenida de forma inherente en la leche, y el aceite, en una semilla de sésamo, ese lugar tierno y vulnerable, ese rincón sensible al que hace referencia el término *bodhichitta*, también está contenido de forma innata en todos nosotros. En parte, se equipara a nuestra capacidad de amar. Con independencia de hasta qué punto hayamos caído en las redes de la crueldad, el egoísmo o la codicia, el corazón genuino de la *bodhichitta* siempre seguirá estando presente, pues jamás se puede perder. Está aquí, en todo lo que vive, nunca se deteriora y siempre es total, absoluto.

Se dice que, en tiempos difíciles, lo único que puede hacernos sanar es la *bodhichitta*. Cuando no conseguimos encontrar inspiración, cuando sentimos que estamos a punto de rendirnos y tirar la toalla, es el momento en el que podemos encontrar la sanación en la propia cualidad sensible y vulnerable del dolor. La *bodhichitta* también se equipara en parte con la compasión; es decir, con nuestra capacidad de sentir el dolor que compartimos con los demás. Sin darnos cuenta, nos protegemos constantemente de este dolor porque nos asusta. Sobre la base de ese profundo miedo a que nos hieran erigimos toda una serie de muros de protección hechos de estrategias, opiniones, prejuicios y emociones. Sin embargo, al igual que una joya que ha permanecido enterrada en la tierra durante un millón de años no se daña ni se decolora, tampoco este corazón noble se ve afectado por las múltiples y diversas maneras con las que tratamos de protegernos de él. En todo momento podemos sacar esta joya a la luz, y esta brillará con todo su esplendor, como si nada hubiese ocurrido.

Esta actitud vital (la *bodhichitta*) basada en la apertura, la ternura y la vulnerabilidad despierta cuando dejamos de protegernos de la inseguridad propia de nuestra condición, de la fragilidad básica de la existencia; despierta mediante la empatía hacia el sufrimiento de los demás. Nos ejercitamos en las prácticas de la *bodhichitta* con el fin de volvernos tan abiertos como para ser capaces de acoger el dolor del mundo, dejar que nos llegue al corazón, y, una vez ahí, convertirlo en compasión.

3

Ante el miedo y la incertidumbre

A QUIENES SE HAN COMPROMETIDO a poner todo su empeño y entusiasmo en practicar para despertar en ellos mismos la *bodhichitta* se les llama *bodhisattvas* o guerreros (no guerreros en el sentido de matar, sino como guerreros de la no-agresión, que escuchan los gritos y lamentos del mundo). Los guerreros-*bodhisattvas* se ponen voluntariamente a sí mismos en situaciones difíciles con el fin de aliviar el sufrimiento de los demás. Están dispuestos a trascender la reactividad personal y el autoengaño. Se entregan con todo su ser a descubrir esa energía básica y no distorsionada que es la *bodhichitta*.

Un guerrero acepta que nunca podemos saber qué nos sucederá a continuación. Podemos tratar de controlar lo incontrolable buscando seguridad y previsibilidad, con la eterna esperanza de alcanzar una cierta comodidad y seguridad, pero la verdad es que nunca seremos capaces de evitar la incertidumbre. Este no saber forma parte de la aventura. Y también es lo que nos asusta.

Dondequiera que estemos, siempre podemos adiestrarnos y practicar como un guerrero. Nuestras herramientas son la meditación sedente, el *tonglen*, la práctica de las máximas y el cultivo de las cuatro cualidades ilimitadas (la amorosa bondad, la compasión, la alegría y la ecuanimidad). Con la ayuda de estas prácticas descubriremos la ternura y la apertura propias de la *bodhichitta* en cualquier circunstancia, tanto en el dolor como en la gratitud, tanto oculta tras la crudeza de la ira como escondida en el miedo que nos hace temblar. En todo momento (cuando nos sentimos solos, cuando nos mostramos abiertos y afables con los demás...) podemos descubrir este rincón sensible en el que se agazapa nuestra bondad básica, pero ejercitar la *bodhichitta* no es garantía de que las cosas vayan a tener un final feliz. Lo que ocurrirá más bien será que llegará un momento en el que este «yo» que ansía encontrar seguridad —que quiere tener algo a lo que poder agarrarse— aprenderá a crecer y madurar.

Si albergamos dudas sobre si somos o no un guerrero en ciernes, siempre podemos hacernos la siguiente pregunta: «¿Elijo crecer y relacionarme con la vida directamente o prefiero vivir y morir con miedo?».

4

La sabiduría del no escapar

EN EL ADIESTRAMIENTO DE UN GUERRERO, la cuestión central no es cómo evitar la incertidumbre y el miedo, sino cómo nos relacionamos con todo aquello que nos incomoda. ¿Cómo tratamos con las dificultades, con nuestras emociones, con los encuentros impredecibles que se producen en un día normal? Para quienes sentimos un hondo anhelo por conocer la verdad, las emociones dolorosas son como señales luminosas que se encienden para indicarnos: «¡Te has quedado atascado!». Consideramos que la desilusión, la ofuscación, la irritación, los celos y el miedo nos muestran en qué aspectos nos estamos conteniendo, en qué áreas nos estamos cerrando. Esta clase de sentimientos incómodos son mensajes que nos advierten de que tenemos que recuperar la presencia de ánimo y abrirnos a esas situaciones en las cuales preferiríamos no profundizar y de las que nos gustaría alejarnos.

Cuando se enciende una de estas señales luminosas se nos presenta la oportunidad de optar por permanecer con la emoción dolorosa en lugar de darle la espalda y pasar a otra cosa. Permanecer con ella sin apartarnos es lo que nos permite aprender a cazarnos a nosotros mismos justo en el momento en el que estamos a punto de dejar que el resentimiento se solidifique y se convierta en culpa, en un juicio, en crispación o en enajenación. También es la forma en que evitamos suavizar o mitigar las cosas procurándonos alguna clase de sentido de alivio, de consuelo o inspiración. Por supuesto, esto es más fácil de decir que de hacer.

Por lo general, nos dejamos arrastrar por la inercia habitual y no interrumpimos ni alteramos nuestros patrones de conducta en lo más mínimo. Sin embargo, con la práctica, aprendemos a permanecer con la pena, con el dolor, con el desconsuelo, con un miedo innombrable, con el deseo de venganza... Ciñéndonos a la incertidumbre aprendemos a relajarnos en medio del caos, a mantener la calma cuando de pronto desaparece el suelo bajo nuestros pies. Podemos llevarnos de vuelta a nosotros mismos al camino espiritual las veces que sea necesario simplemente poniendo en práctica nuestra voluntad de relajarnos o dejarnos caer, una y otra vez, en la incertidumbre del momento presente.

5
La amorosa bondad: la práctica esencial

La PRÁCTICA ESENCIAL para un aspirante a *bodhisattva* es cultivar la *maitri* o amorosa bondad. Las enseñanzas de Shambhala hablan de «depositar la mente temerosa en la cuna de la amorosa bondad». Otra imagen para la *maitri* es la de un pájaro madre que protege y cuida a sus crías hasta que son lo suficientemente fuertes como para volar. A veces, la gente pregunta: «Pero ¿quién soy yo en esta metáfora, la madre o el polluelo?». La respuesta es que somos ambos: tanto la madre amorosa como esos pequeños polluelos desaliñados y escandalosos. Es fácil identificarse con las crías (ciegas, desnudas, desprotegidas y desesperadas por recibir atención). Somos una dolorosa y punzante mezcla de algo que ciertamente no resulta tan hermoso pero que, no obstante, es amado sin fisuras. Aquí se encuentra (tanto si es la actitud que tenemos hacia nosotros mismos como si es la que mostramos hacia los demás) la clave para aprender a amar; en lugar de huir, permanecemos firmemente con nosotros mismos (y con los demás) cuando no hacemos más que piar y piar estrepitosamente intentando llamar la atención para que nos alimenten, cuando estamos desnudos, sin plumas, desprotegidos (y también cuando ya somos algo más maduros y atractivos según los cánones).

Al ejercitar la amorosa bondad, antes que nada aprendemos a ser honestos, amorosos y compasivos con nosotros mismos. En lugar de fomentar el autodesprecio, comenzamos a cultivar una benevolencia que nos permite ver con claridad. A veces nos sentimos fuertes y capacitados, otras, débiles e inadecuados, pero, al igual que el amor materno, la *maitri* es incondicional; independientemente de cómo nos sintamos siempre podemos aspirar a estar felices. Podemos aprender a actuar y pensar de manera que plantemos las semillas de nuestro futuro bienestar. Poco a poco, nos vamos volviendo más conscientes de qué es lo que causa la felicidad y lo que causa la angustia. Sin sentir amorosa bondad hacia nosotros mismos es difícil, cuando no imposible, sentirla también de un modo auténtico y genuino hacia los demás.

6

La amorosa bondad
y la meditación

MUCHAS VECES CUANDO empezamos a meditar o a trabajar con cualquier tipo de disciplina espiritual pensamos que de alguna manera vamos a mejorar, pero eso supone una sutil agresión contra aquello que somos realmente. Es similar a asumir afirmaciones del tipo: «Si salgo a correr, me convertiré en una persona mucho mejor», «si tuviese una casa mejor, mejoraría también como persona» o «si pudiese meditar y calmarme, también sería una mejor persona». O el escenario también puede consistir en encontrar faltas en los demás. Por ejemplo, podríamos pensar: «Si no fuese por mi marido, tendría un matrimonio perfecto», «si no fuese porque mi jefe y yo no nos llevamos bien, mi trabajo sería simplemente genial» o «si no fuese por mi mente, mi meditación sería excelente».

Pero aplicar la amorosa bondad (*maitri*) hacia nosotros mismos no significa que tengamos que deshacernos de nada. *Maitri* significa que podemos seguir enojados, que podemos perder la cabeza, seguir siendo tímidos, o celosos, o sentir profundamente que no valemos nada. La práctica de la meditación no consiste en tratar de deshacernos de nosotros mismos y convertirnos en algo mejor, sino en hacer las paces y fraternizar con quienes ya somos. El fundamento de la práctica eres tú, yo, o quienquiera que sea, tal y como somos ahora, exactamente como somos en este momento. Eso es lo que llegamos a descubrir cuando aplicamos una gran curiosidad y un tremendo interés.

La curiosidad implica ser amables, ser precisos y mostrarnos abiertos (de hecho, es ser capaces de permanecer abiertos y de soltar). La amabilidad es un sentido de buena voluntad o buena disposición hacia nosotros mismos. Por su parte, la precisión hace referencia a ser capaces de ver con claridad, a no tener miedo de ver lo que realmente está presente. Por último, la apertura es la capacidad de mostrarnos abiertos y de soltar, de dejar ir. Cuando conseguimos tener esta clase de honestidad, amabilidad y buena voluntad combinadas con una visión clara respecto de nosotros mismos, no hay obstáculo que nos impida sentir esta amorosa bondad también hacia los demás.

7

¿Por qué meditar?

COMO ESPECIE, NUNCA deberíamos perder de vista lo escasa que es nuestra tolerancia a la incomodidad y las molestias. El hecho de que se nos aliente a permanecer con nuestra vulnerabilidad es una novedad de la que podemos sacar partido, y la meditación sedente (también conocida como práctica del *mindfulness* o de la atención consciente) es la práctica en la que nos apoyamos para aprender a hacerlo. Es la base de la ejercitación de la *bodhichitta* y el ámbito natural sobre el que se asienta el guerrero-*bodhisattva*.

La meditación sedente nos permite estar más cerca de nuestros pensamientos y emociones y entrar en contacto con nuestro cuerpo. Es un método para cultivar la amistad incondicional hacia nosotros mismos y para retirar el velo de la indiferencia que nos aleja del sufrimiento de los demás. Es el vehículo del que nos servimos para aprender a convertirnos en personas verdaderamente amorosas.

A través de la meditación, poco a poco, empezamos a darnos cuenta de que existen breves intervalos de inactividad en nuestro diálogo interno. Experimentamos una pausa en el constante parloteo mental, en la charla que prácticamente siempre mantenemos con nosotros mismos; es casi como si despertásemos de un sueño. Reconocemos nuestra capacidad para relajarnos en la claridad, en el espacio, en la conciencia abierta que ya existe en nuestra mente. De este modo vivimos momentos en los que estamos justo aquí —momentos simples, directos y despejados.

Este retorno a la inmediatez de nuestra experiencia es en sí mismo la práctica de la *bodhichitta* incondicional o absoluta; simplemente al quedarnos aquí, al no huir, nos vamos relajando más y más en la dimensión abierta de nuestro ser. Tenemos la sensación de estar saliendo de una fantasía para descubrir la simple verdad.

8

Los seis puntos clave de la postura

L A MEDITACIÓN SEDENTE comienza con una buena postura. Una forma de estar realmente relajado y afianzado en el cuerpo es ser consciente de los seis puntos clave de la postura. Las instrucciones para llevarlo a cabo son las siguientes:

1. *El asiento.* Tanto si estamos sentados sobre un cojín en el suelo como si utilizamos una silla, el asiento debe ser plano y no ha de inclinarse hacia los lados ni hacia delante o atrás.

2. *Las piernas.* Las piernas se cruzan por delante en una postura que nos resulte cómoda. Si estamos sentados en una silla, los pies han de estar bien apoyados en el suelo y las rodillas separadas unos centímetros.

3. *El torso.* El torso (desde la cabeza hasta el asiento) ha de estar erguido y en posición vertical, manteniendo la espalda firme y el tórax abierto y relajado. Si usas una silla, es mejor que no te apoyes en el respaldo. Si sientes que empiezas a encorvarte, simplemente recupera la posición erguida.

4. *Las manos*. Las manos han de estar abiertas y descansar sobre los muslos con las palmas hacia abajo.

5. *Los ojos*. Los ojos permanecen abiertos, lo que indica nuestra intención de mantenernos despiertos y relajados ante todo lo que ocurra. La mirada se mantiene ligeramente baja y se posa en un punto justo delante de nosotros que se encuentre a una distancia de entre metro y medio y dos metros.

6. *La boca*. La boca ha de estar ligeramente abierta, de modo que la mandíbula quede relajada y el aire pueda desplazarse con facilidad por la boca y la nariz. La punta de la lengua se puede colocar sobre el paladar.

Cada vez que te sientes a meditar comprueba tu postura repasando estos seis puntos. Siempre que te sientas distraído vuelve a poner la atención en tu cuerpo y en estos seis puntos clave de la postura.

9
Ninguna historia es real

TRATAMOS DE DARLE una tremenda importancia a nuestro dolor, a nuestros problemas y a nosotros mismos entretejiendo nuestras opiniones, prejuicios, estrategias y emociones y creando con ellas una realidad sólida, pero las cosas nunca son tan consistentes, predecibles o continuas como pueden parecer en un primer momento.

En la meditación sedente, nuestra práctica consiste es observar cómo surgen los pensamientos, etiquetarlos como tales (decirnos mentalmente «pensamientos») y regresar a la respiración. Si intentásemos encontrar el comienzo, el punto medio y el final de cada pensamiento, no tardaríamos en descubrir que estos no existen como tales. Tratar de encontrar el momento preciso en el que un pensamiento se convierte en otro es como intentar determinar el instante en el que el agua hirviendo se convierte en vapor. Y, sin embargo, habitualmente trabamos nuestros pensamientos unos con otros y urdimos con ellos una historia que nos hace creer que nuestra identidad, nuestra felicidad, nuestro dolor y nuestros problemas son entidades sólidas y separadas, cuando lo cierto es que todos estos constructos mentales, al igual que los pensamientos, están cambiando constantemente. Cada situación, cada pensamiento, cada palabra, cada sentimiento no es más que un recuerdo que nos visita fugazmente.

La sabiduría es un proceso fluido, y no algo concreto que se pueda acumular o medir. El guerrero-*bodhisattva* se entrena con la actitud de que todo es un sueño. La vida es un sueño, la muerte es un sueño, la vigilia es un sueño, dormir es un sueño... Y este sueño es la inmediatez directa de nuestra experiencia. Lo único que conseguimos al tratar de aferrarnos a alguna parte concreta de este sueño o al creer nuestra historia personal es bloquear nuestra sabiduría.

10
Meditación sedente

L A PRÁCTICA DE LA MEDITACIÓN es un método formal mediante el cual podemos acostumbrarnos o familiarizarnos con el hecho de volvernos más ligeros y luminosos. Te animo a que sigas sus instrucciones con precisión, pero también a que, dentro de esa formalidad, no seas demasiado estricto. Deja que todo fluya de un modo ligero y suave. Al exhalar, entra en contacto con tu aliento a medida que sale de tu cuerpo. Siente cómo el aire emana de ti para penetrar en este inmenso espacio y disolverse. No estás tratando de modificar ni de alterar tu respiración en modo alguno; simplemente te dejas llevar, te relajas y te expandes con cada exhalación. No hay ninguna instrucción particular respecto a qué es lo que hay que hacer durante la inspiración (simplemente no hay que aferrarse a nada hasta la siguiente exhalación).

Etiquetar los pensamientos que tenemos durante la práctica de la meditación constituye una poderosa herramienta de apoyo que nos reconecta con esa dimensión fresca, abierta e imparcial de nuestra mente. Cuando nos demos cuenta de que estamos pensando, simplemente nos diremos a nosotros mismos «pensamiento», con una actitud objetiva e imparcial y con una gran ternura y amabilidad. Después volveremos a centrarnos en la respiración. De este modo, tratamos a los pensamientos como si fuesen burbujas, y el hecho de ponerles esa etiqueta es como rozarlos con una pluma; tan solo un ligero toque («pensamiento») y se disuelven nuevamente en el espacio. Incluso si sigues sintiendo tensión y ansiedad cuando los pensamientos ya han pasado, simplemente permite que ese sentimiento esté ahí presente, rodéalo con tu espacio. Limítate a dejar que sea así, y, cuando los pensamientos vuelvan a surgir, tómalos por lo que son. No tienen tanto poder. Puedes relajarte y soltar la carga para ir más ligero.

Decir mentalmente «pensamiento» es una de las claves más interesantes de la práctica de la meditación, pues justo en ese momento podemos ejercitarnos conscientemente en la amabilidad y en el desarrollo de una actitud imparcial. La amorosa bondad es amistad, cercanía o empatía incondicional, así es que, cada vez que te dices a ti mismo «pensamiento», lo que estás haciendo realmente es cultivar una empatía incondicional hacia lo que sea que surja en tu mente. Dado que este tipo de compasión incondicional es difícil de conseguir, un método tan simple y directo como este para despertarla resulta sumamente valioso.

11

Las cuatro cualidades de la maitri

L A MEDITACIÓN NOS ACOGE tal y como somos, con toda nuestra cordura y toda nuestra locura. Esta completa aceptación de nosotros mismos tal como somos supone establecer una relación simple y directa con nuestro ser. A esto lo llamamos *maitri*. Cuando meditamos, cultivamos las cuatro cualidades de la *maitri*:

1. *Firmeza*. Mediante la práctica de la meditación fortalecemos nuestra capacidad para mantenernos firmemente arraigados en nosotros mismos tanto a nivel corporal como a nivel mental.

2. *Ver con claridad*. Ver con claridad es otra manera de decir que nos engañamos menos a nosotros mismos. A través del proceso que supone practicar día tras día, año tras año, empezamos a volvernos tremendamente honestos con nosotros mismos.

3. *Sentir la angustia emocional*. Practicamos el hecho de soltar cualquier historia que nos estemos contando y abrirnos a las emociones y al miedo. Nos quedamos

con la emoción, la experimentamos y la dejamos tal como está, sin darle pábulo, sin hacerla proliferar. Así nos ejercitamos en abrir nuestro temeroso corazón a la inquietud y la agitación de nuestra propia energía. Aprendemos a convivir con la experiencia de la angustia emocional.

4. *Atención al momento presente.* En todo momento, una y otra vez, tomamos la decisión de estar completamente presentes. Atender al cuerpo y a la mente tal como son en el momento presente es una forma de mostrarnos sensibles hacia nosotros mismos, hacia los demás y hacia el mundo. La atención es inherente a nuestra capacidad de amar.

Estos cuatro factores no solo se aplican a la meditación sedente, sino que son esenciales para todas las prácticas relacionadas con la *bodhichitta,* así como a la hora de afrontar situaciones difíciles en nuestra vida diaria. Cultivándolas podemos empezar a ejercitarnos como guerreros, descubriendo así por nosotros mismos que lo esencial no es la confusión, sino la *bodhichitta.*

12
La raíz del sufrimiento

L O QUE NOS MANTIENE en un estado de infelicidad y atascados en una visión de la realidad limitada y parcial es nuestra tendencia a buscar el placer y evitar el dolor, a hallar seguridad y evitar el desamparo, a refugiarnos en el consuelo y eludir el malestar. Así es como seguimos encerrándonos a nosotros mismos en una crisálida. Ahí fuera están todos los planetas y galaxias, el vasto espacio, pero nosotros estamos encerrados aquí, restringidos a nuestra pequeña cápsula, a nuestro diminuto capullo. Momento tras momento preferimos permanecer en esta crisálida a salir a ese inmenso espacio, pues aquí dentro lo tenemos todo controlado, la vida es acogedora y segura, predecible, conveniente y fiable. Cuando nos sentimos inquietos o alterados, basta con rellenar algunos pequeños huecos para volver a estar a salvo.

Nuestra mente siempre está buscando zonas de seguridad, y ahí es desde donde vivimos, es lo que consideramos que es la vida: la certeza, la protección, tenerlo todo bien organizado y controlado. La muerte supone perder todo eso. Nos asusta perder nuestra ilusión de seguridad, y eso es lo que nos crea ansiedad. Tememos estar confundidos y desorientados y no saber qué camino tomar. En todo momento queremos saber qué está pasando. La mente siempre trata de encontrar zonas de seguridad, pero estas se desmoronan continuamente. Luego nos apresuramos a recomponer los restos para poder recuperar algún otro espacio seguro. Gastamos toda nuestra energía y desperdiciamos nuestra vida tratando de recrear estas zonas de seguridad que siempre acaban por desintegrarse. Esa es la esencia del *samsara*: el ciclo de sufrimiento cuyo origen se encuentra en el hecho mismo de no dejar de buscar la felicidad en toda clase de lugares equivocados.

13

Las condiciones climatológicas y las Cuatro nobles verdades

En su primera enseñanza —conocida como las Cuatro nobles verdades—, el Buda habló sobre el sufrimiento. La primera noble verdad nos dice que sentirnos mal forma parte del hecho de ser humano. Nada es, en su esencia, de un modo u otro. A nuestro alrededor, el viento, el fuego, la tierra, el agua siempre están cambiando y adquiriendo diferentes características; son como magos. También nosotros cambiamos como el tiempo, subimos y bajamos como las mareas, crecemos y decrecemos como la luna, pero no nos damos cuenta de que, al igual que las condiciones meteorológicas, también nosotros estamos en constante transformación, de que no somos entidades sólidas sino seres fluidos y variables, y por eso sufrimos.

La segunda noble verdad afirma que el mecanismo operativo fundamental de lo que llamamos *ego* es la resistencia, o, dicho de otro modo, que resistirse a la vida es lo que causa el sufrimiento. Tradicionalmente se dice que la causa del sufrimiento es que nos aferramos a nuestra estrecha visión de las cosas, es decir, que somos adictos al YO. Nos resistimos al hecho de que cambiamos y fluimos como las condiciones climatológicas, de que estamos constituidos por la misma energía que la totalidad del resto de las cosas vivas. Cuando nos resistimos, nos obcecamos aún más obstinadamente en nuestra postura y quedamos más firmemente enclavados en nuestra posición: nos volvemos verdaderamente sólidos. Esta resistencia es lo que denominamos *ego*.

La tercera noble verdad expresa que el sufrimiento cesa cuando dejamos de tratar de mantener este enorme YO cueste lo que cueste. Esto es lo que practicamos en la meditación. Cuando dejamos de lado el pensamiento y nuestra historia personal, nos quedamos sentados únicamente con la cualidad (el tono o la energía) de las «condiciones climatológicas» concretas a las que nos hayamos estado tratando de resistir.

La esencia de la cuarta noble verdad es que podemos emplear todo lo que hacemos como ayuda para comprender que somos parte de la energía que todo lo crea. Si aprendemos a quedarnos quietos como una montaña ante las embestidas de un huracán, a mostrarnos vulnerables a la verdad, la crudeza, la viveza y la inmediatez del simple hecho de ser parte de la vida, entonces dejaremos de ser esta entidad separada que necesita que las cosas salgan a su manera. Cuando dejamos de resistirnos y nos limitamos a permitir que las condiciones climatológicas que estén presentes sencillamente fluyan a través de nosotros es cuando podemos empezar a vivir la vida de un modo total y completo. De nosotros depende.

14
Las características fundamentales de la vida: la impermanencia

S EGÚN EL BUDA, la vida de todos los seres está marcada por tres características básicas: la impermanencia, la inexistencia del yo y el sufrimiento o insatisfacción. Reconocer que estas cualidades son reales y verdaderas en nuestra propia experiencia nos ayuda a relajarnos y a aceptar las cosas tal como son. La primera marca de la existencia es la impermanencia, la cual hace referencia a que nada es estático o fijo, a que todo es fugaz, transitorio y cambiante. No hace falta ser físico o místico para saber esto, y, sin embargo, en el nivel de la experiencia personal, nos resistimos a este hecho básico, pues aceptarlo implicaría asumir que en la vida las cosas no siempre van a ser como nosotros queremos, que no solo hay ganancia sino también pérdida, y eso es algo que no nos gusta. Sabemos que todo es impermanente, que todo se va desgastando o deteriorando con el tiempo. Aunque seamos capaces de aceptar esta verdad intelectualmente, a nivel emocional albergamos una profunda aversión hacia ella. Queremos permanencia. Esperamos que haya permanencia. Nuestra tendencia natural es buscar la seguridad, y realmente creemos que podemos encontrarla. En nuestra vida cotidiana, experimentamos la impermanencia como frustración. Utilizamos nuestras actividades diarias como un escudo contra la ambigüedad fundamental que caracteriza a nuestra situación, y gastamos una tremenda cantidad de energía tratando de evitar la impermanencia y la muerte. No nos gusta que nuestros cuerpos cambien de forma, no nos gusta envejecer, tenemos miedo de las arrugas y de perder la tersura de la piel. Usamos toda clase de productos para la salud como si realmente creyésemos que nuestra piel, nuestro cabello, nuestros ojos y dientes fuesen a escapar milagrosamente de la verdad de la impermanencia.

Las enseñanzas budistas aspiran a liberarnos de esta forma limitada de relacionarnos con ella; nos alientan a relajarnos gradualmente y sin reservas en la verdad ordinaria y obvia del cambio. Reconocer esta verdad no significa que nos enfoquemos en ver el lado oscuro de las cosas, sino que comenzamos a comprender que no somos los únicos que no podemos tenerlo todo controlado. Dejamos de creer que alguien haya logrado alguna vez evitar la incertidumbre.

15
No causar daño

APRENDER A NO CAUSARNOS daño ni a nosotros mismos ni a los demás es una de las enseñanzas budistas más básicas. La no agresión tiene el poder de sanar. No dañarnos constituye el fundamento mismo de la sociedad iluminada, y, a través de esta actitud, el mundo podría dejar de estar tan enloquecido. Un mundo cuerdo comienza con ciudadanos cuerdos, y esos ciudadanos que han de recuperar la cordura somos nosotros. La agresión más fundamental que podemos hacernos, el daño más básico que podemos provocarnos a nosotros mismos, es permanecer ignorantes por no tener ni el valor ni el respeto de vernos con honestidad y amabilidad.

El fundamento de la no agresión es el *mindfulness*, un sentido de visión clara imbuida de respeto y compasión hacia aquello que se está viendo. Eso es lo que nos muestra la práctica básica. Pero el *mindfulness* no se limita únicamente a la meditación formal, sino que nos ayuda a gestionar todos los aspectos y los detalles de nuestra vida. Hace que veamos, oigamos y olamos con los ojos, los oídos y la nariz bien abiertos. Ser capaces de relacionarnos honestamente con la inmediatez de la experiencia y respetarnos lo suficiente como para no juzgarla es un proceso que dura toda la vida. A medida que vamos siendo más sinceros y vamos abriendo más el corazón en este viaje de amable honestidad, es posible que nos sobrecojamos al darnos cuenta de hasta qué punto hemos permanecido ciegos a algunas de las formas en las que nos causamos daño.

Afrontar la realidad de hasta qué punto dañamos a los demás resulta doloroso; es un proceso que lleva su tiempo, un viaje que se inicia debido a nuestro compromiso con la amabilidad y la honestidad, a nuestra voluntad de permanecer despiertos, de estar plenamente atentos y conscientes. Gracias al *mindfulness* somos capaces de discernir con claridad nuestros deseos, las formas en las que causamos agresiones, nuestros celos y nuestra ignorancia. Pero no actuamos sobre ellos; simplemente nos limitamos a identificarlos y observarlos. Por el contrario, cuando no somos plenamente conscientes, nos resulta imposible percatarnos de ellos y, por ese motivo, proliferan.

16
El dharma

EL *DHARMA* —LA ENSEÑANZA DEL BUDA— consiste en dejar de lado nuestra historia personal y abrirnos a «lo que es»: a la gente que forma parte de nuestra vida, a las situaciones en las que nos encontramos, a los pensamientos que aparecen en nuestra mente, a las emociones. Tenemos una vida determinada, y cualquiera que sea la vida en la que nos encontremos es un vehículo válido para alcanzar el despertar.

A menudo escuchamos las enseñanzas de un modo tan subjetivo que pensamos que nos están instruyendo sobre qué es verdadero y qué es falso, pero el *dharma* nunca nos dice qué es verdad o qué no lo es, sino que se limita a animarnos a descubrirlo por nosotros mismos. Sin embargo, dado que tenemos que recurrir a las palabras, hacemos afirmaciones. Decimos, por ejemplo: «La práctica diaria simplemente consiste en desarrollar la completa aceptación de toda situación, emoción o persona». Parece que lo que estamos haciendo es afirmar que obrar de este modo es la verdad y que no hacerlo sería falso, pero no significa eso. Significa que podemos descubrir por nosotros mismos lo que es verdadero y lo que no lo es.

Intenta vivir de ese modo y observa los resultados. Te enfrentarás a todos tus temores, dudas y esperanzas, tendrás que lidiar con todos ellos. Si empiezas a vivir de esa manera, con este sentido de indagación, de cuestionarte qué es lo que significa esto realmente, verás como resulta de lo más interesante. Después de un tiempo hasta te olvidarás de que te estás planteando esa cuestión, y simplemente practicarás meditación, o vivirás tu vida, pero con una nueva comprensión, con una nueva visión de lo que es verdad. Esta revelación llega de repente, como si estuviésemos vagando en la oscuridad y de pronto alguien encendiese todas las luces y nos diésemos cuenta de que en realidad nos encontramos en un palacio. Ha estado ahí todo el tiempo. Nos sentimos como si hubiésemos descubierto algo que nadie más ha conocido nunca, cuando lo cierto es que es de lo más simple, completamente evidente.

17

La práctica del mindfulness *y la abstención*

L A ABSTENCIÓN (entendida como no apresurarnos a buscar alguna distracción en el mismo momento en que sentimos que empezamos a aburrirnos) es en gran medida el método para convertirse en una persona «dhármica». Es la práctica de no intentar llenar inmediatamente el espacio por el simple hecho de que haya aparecido un hueco.

Una práctica interesante que combina el *mindfulness* y la abstención consiste en limitarnos a percibir los movimientos físicos que realizamos cuando algo nos incomoda. Cuando sentimos que, de un modo u otro, estamos perdiendo nuestro espacio de confort, empezamos a hacer toda clase de pequeños movimientos nerviosos y agitados. Puede que te hayas dado cuenta de que cuando te sientes incómodo haces cosas como tirarte de la oreja, rascarte en algún sitio aunque no te pique o estirar el cuello. Cuando te des cuenta de que estás teniendo este tipo de reacción, no intentes cambiarla. No te critiques por lo que sea que estés haciendo. Limítate a percibirla y a registrarla como lo que es.

La abstención (no actuar habitualmente de forma impulsiva) tiene algo que ver con renunciar a lo que podríamos denominar la *mentalidad de entretenimiento* o *de distracción*. Gracias a la abstención podemos darnos cuenta de que hay algo entre la aparición del deseo (la agresión, el sentimiento de soledad o lo que sea) y cualquier acción que llevemos a cabo como resultado. Hay algo en nosotros que no queremos experimentar, y que, de hecho, nunca experimentamos, porque somos muy rápidos a la hora de actuar. La práctica del *mindfulness* y de la abstención es una forma de entrar en contacto con esta insustancialidad básica, pues nos permite ser conscientes de todo lo que hacemos para tratar de evitarla.

18
Relájate en las cosas tal y como son

RESULTA ÚTIL RECORDARNOS siempre a nosotros mismos que la meditación consiste en abrirnos a lo que sea que surja, en relajarnos y dejarnos caer en ello sin elegir, sin escoger. Ciertamente no consiste en reprimir nada, ni tampoco busca fomentar el aferramiento. Allen Ginsberg usaba la expresión «mente sorprendida». Nos sentamos y... ¡vaya! De pronto aparece alguna sorpresa bastante desagradable. Pues que así sea. No debemos rechazar esta parte de la experiencia, sino reconocerla con compasión como «pensamiento» y, después, dejarla ir. Más tarde... ¡vaya! Surge alguna otra sorpresa, pero esta vez se trata de algo que nos encanta. Muy bien. Tampoco debemos aferrarnos a esto, sino reconocerlo con compasión como «pensamiento» y, después, dejarlo ir. Las sorpresas son infinitas. Milarepa, el yogui tibetano del siglo XII que elaboró unos cánticos maravillosos sobre la forma correcta de meditar, decía que la mente tiene más proyecciones que motas de polvo hay en un rayo de sol, y que ni cientos de lanzas podrían ponerle fin. Como meditadores, también nosotros podríamos dejar de luchar contra nuestros pensamientos y darnos cuenta de que la honestidad y la buena disposición son mucho más útiles e inspiradores que cualquier tipo de esfuerzo religioso solemne que podamos realizar a favor o en contra de cualquier cosa.

En todo caso, la cuestión fundamental no es tratar de deshacernos de los pensamientos, sino más bien ser capaces de percibir su verdadera naturaleza. Si les damos coba (si nos los creemos), no harán más que revolotear en círculos alrededor nuestro, cuando en realidad son como imágenes de sueños, como una ilusión. No tienen tanta solidez como solemos creer. No son más que eso, meros pensamientos.

19
Trabajar con máximas

PARA REVERTIR LA LÓGICA del ego, practicamos las consignas o máximas del guerrero que nos legó Atisha, un maestro tibetano que vivió en el siglo XI. Estas máximas nos aconsejan cosas como «No seas celoso», y uno piensa «¿Por qué? ¿Cómo han llegado a la conclusión de que eso es lo mejor?», o «Sé agradecido con todo el mundo», y, entonces, nos preguntamos cómo se puede hacer eso o, incluso, por qué molestarse en hacerlo. Algunas máximas, como, por ejemplo, «Medita siempre sobre aquello que te provoque resentimiento», nos exhortan a ir más allá del sentido común. Estas consignas no siempre son la clase de cosas que nos gustaría escuchar, ni mucho menos las que encontraríamos inspiradoras.

Si trabajas diligentemente con estas máximas, acabarán volviéndose tan naturales como tu aliento o tu vista; serán lo primero que te venga a la cabeza. Pasarán a ser como las fragancias que olemos o los sonidos que escuchamos, en el sentido de que podemos dejar que penetren en todo nuestro ser. De eso se trata. Estas recomendaciones no son teóricas o abstractas, sino que tienen que ver con quienes somos y con lo que nos está ocurriendo. Son completamente relevantes respecto a la forma en la que experimentamos las cosas, o cómo nos relacionamos con lo que sea que ocurra en nuestra vida. Tienen que ver con cómo afrontamos el dolor, el miedo, el placer y la alegría, y con cómo estos factores pueden transformarnos total y absolutamente. Cuando trabajamos con máximas, la vida ordinaria se convierte en la vía que nos lleva al despertar.

20

Máxima: «Todas las actividades deben realizarse con una misma intención»

INSPIRAR, ESPIRAR, sentir resentimiento, sentirnos felices, ser capaces de soltar y dejar ir, no ser capaces de soltar ni dejar ir, comer, cepillarnos los dientes, caminar, estar sentados... Sea lo que sea que estemos haciendo, siempre podemos hacerlo con una sola intención, y esa intención es la de querer despertar, la de querer desarrollar nuestra compasión y nuestra capacidad para soltar, para desprendernos de las cosas y dejarlas ir, la de querer ser conscientes de nuestra conexión con todos los seres. Todo lo que ocurre en nuestra vida tiene el potencial de despertarnos o de hacer que sigamos dormidos, así que de nosotros depende utilizarlo o no para despertar.

21
Convertir las flechas en flores

LA NOCHE EN LA QUE el Buda alcanzó la iluminación se sentó bajo un árbol. Estando ahí sentado, las fuerzas de Mara empezaron a lanzarle flechas para distraerle de su propósito e impedir que se iluminase, pero él mantuvo una actitud consciente y convirtió sus armas en flores.

Las enseñanzas tradicionales sobre las fuerzas de Mara describen la naturaleza de los obstáculos y cómo, por lo general, los seres humanos nos desorientamos y dejamos de confiar en la sabiduría básica de nuestra mente. Las enseñanzas de las cuatro *maras* describen algunas de las formas más comunes con las que tratamos de evitar lo que está sucediendo. Como el Buda, también nosotros podemos convertir estas flechas en flores. En lugar de tratar de deshacernos de un obstáculo o de contribuir a la sensación de sentirnos atacados, podemos usarlo para observar cómo nos comportamos cuando estamos en dificultades. ¿Nos contraemos y nos cerramos o, por el contrario, nos abrimos, nos expandimos? ¿Sentimos rencor y resentimiento o nos reblandecemos y nos volvemos más tiernos y empáticos? ¿Nos volvemos más sabios o más estúpidos?

1. El *devaputra mara* está relacionado con la búsqueda del placer. Cualquier obstáculo con el que nos encontremos tiene la capacidad de hacer estallar esa burbuja de realidad que tan cierta y segura creemos que es. Cuando nos sentimos amenazados no podemos soportar sentir esa inquietud, esa ansiedad, la quemazón de la ira que crece dentro de nosotros, el amargo sabor del resentimiento, y por eso buscamos cualquier cosa que creamos que puede hacer desaparecer esa sensación. Hacemos todo lo posible por encontrar algo agradable y placentero. La manera de convertir esta flecha en una flor es abrir el corazón y ser conscientes de las estrategias a las que recurrimos para intentar escapar. Podemos usar la búsqueda del placer como una oportunidad para observar cómo nos comportamos cuando encaramos el dolor.

2. El *skandha mara* está relacionado con cómo intentamos re-crearnos (en el sentido de «volver a crearnos») cuando las cosas se desmoronan. Siempre procuramos regresar lo más rápido posible a la tierra firme que representa la idea que tenemos de nosotros mismos. Trungpa Rimpoché solía referirse a esto como la «nostalgia por el *samsara*». Cuando las cosas se derrumban, en lugar de esforzarnos por recuperar el concepto que tenemos de quienes somos, podemos usar esa circunstancia como una oportunidad para permanecer abiertos e indagar más profundamente sobre lo que acaba de suceder y sobre lo que sucederá a continuación. Así es como convertimos esta flecha en una flor.

3. Lo que caracteriza al *klesha mara* son las emociones intensas; en lugar de limitarnos a permitir que los sen-

timientos sean como tengan que ser, los entretejemos y formamos con ellos una historia personal, lo que da origen a emociones mucho más potentes que los sentimientos originales. Todos echamos mano de nuestras emociones para recuperar el terreno perdido cuando las cosas se desmoronan. Podemos convertir esta flecha en una flor tomando una emoción intensa y pesada y transformándola en un medio para desarrollar una verdadera compasión hacia nosotros mismos y hacia todos los demás.

4. El *yama mara* hunde sus raíces en el miedo a la muerte. Al controlar la experiencia estamos matando el momento. Queremos aferrarnos a lo que tenemos. Desearíamos que todas las experiencias que tuviésemos nos confirmasen, nos congratulasen y nos hiciesen sentir que lo tenemos todo atado y bien atado. Decimos que el *yama mara* es el miedo a la muerte, pero, en realidad, es el miedo a la vida. Podemos convertir esta flecha en una flor tomando ese deseo de controlar como recordatorio para experimentar cada momento como algo completamente nuevo y fresco. Siempre podemos regresar a la sabiduría básica de nuestra mente.

22
Nada sólido

ALEJARNOS DE LA EXPERIENCIA, apartarnos del momento presente echando mano de nuestras estrategias habituales, siempre hace que aumente la inquietud, la insatisfacción, la infelicidad. El bienestar que asociamos con el hecho de concretar y hacer que las cosas sean sólidas es sumamente transitorio y efímero.

Por el contrario, penetrar en la experiencia (ya sea la experiencia de apertura del amor y la compasión o la experiencia de cierre que acompaña al resentimiento y la separación) nos brinda una enorme sensación de libertad: la libertad que proviene de saber que nada es sólido. Hay algo en este «nada es sólido» que comienza a ser equivalente a la libertad misma. Mientras tanto, descubrimos que preferimos sentirnos totalmente presentes en nuestra vida a tratar de hacer que todo sea sólido y seguro por medio de nuestras fantasías o de nuestros patrones de comportamiento adictivos. Nos damos cuenta de que conectar con nuestras experiencias, abriéndonos a ellas, nos hace sentir mucho mejor que resistirnos, tratando de poner tierra de por medio. Estar justo en el lugar que estamos, incluso si duele, siempre es preferible a evitarlo. A medida que practicamos este penetrar en el momento presente nos vamos familiarizando más y más con esa falta de fundamento, con esa insustancialidad: un nuevo estado de ser que está disponible para nosotros de manera continua. Este alejamiento del confort y de la seguridad, este salto hacia lo desconocido, lo inexplorado y lo inestable es lo que llamamos *liberación*.

23

Las características fundamentales de la vida: la inexistencia del yo

L A SEGUNDA MARCA de la existencia es la inexistencia del yo, también llamada en ocasiones *no-yo*. Son términos que ciertamente pueden conducir a error, pues no significan que desaparezcamos o que borremos de un plumazo nuestra personalidad; la inexistencia del yo significa que la idea fija que tenemos sobre nosotros mismos como entidades sólidas y separadas unas de otras resulta dolorosamente limitada y limitante. El problema radica en el hecho de tomarnos a nosotros mismos tan sumamente en serio, de considerarnos tan absurdamente importantes a nuestros propios ojos. Esa importancia que nos damos a nosotros mismos es como una prisión que nos restringe al estrecho mundo de nuestros gustos y aversiones particulares. Esto hace que terminemos completamente hartos de nosotros mismos y de nuestro mundo y que acabemos sintiéndonos profundamente insatisfechos.

Ante este dilema tenemos dos alternativas: tomarlo todo como algo seguro y real o no hacerlo. O aceptamos nuestra versión fija e inmutable de la realidad, o empezamos a ponerla en duda. Según la opinión del propio Buda, practicar el mantener una actitud abierta y curiosa (es decir, entrenarnos para disolver las barreras que erigimos entre nosotros y el mundo) es el mejor uso que podemos hacer de nuestra vida humana.

En términos más comunes, la inexistencia del yo equivale a tener una identidad flexible, que se manifiesta como un afán de indagar y aprender, como adaptabilidad, como buena disposición, como humor, como juego. No es otra cosa que nuestra capacidad para relajarnos en el no saber, para no tener que entenderlo o comprenderlo todo, para estar a gusto aunque no sepamos en absoluto quiénes somos ni tampoco estemos seguros de quiénes son los demás. Cada momento es único, desconocido, completamente nuevo. Para un guerrero practicante, la inexistencia del yo no es algo que temer, sino un motivo de alegría.

24
Permanecer en el medio

L A APERTURA NO SE produce al resistirnos a nuestros miedos, sino al conocerlos bien. No podemos cultivar la ausencia de miedo sin indagar compasivamente en cómo funciona el ego. Así que nos preguntamos «¿Qué pasa cuando siento que no puedo controlar lo que está ocurriendo? ¿Qué clase de historias me cuento a mí mismo? ¿Qué es lo que me causa repulsión o lo que me atrae? ¿Dónde busco mi fortaleza y en qué deposito mi confianza?».

Lo primero que ocurre en la meditación es que empezamos a ser conscientes de qué está sucediendo. Incluso aunque sigamos huyendo o nos dejemos tentar, vemos con claridad lo que estamos haciendo. Reconocemos nuestros deseos y nuestras aversiones. Nos familiarizamos con las creencias y las estrategias a las que recurrimos para consolidar nuestra crisálida. Al adoptar el *mindfulness* como método de indagación empezamos a sentir curiosidad por lo que está sucediendo, percibimos claramente durante un tiempo bastante prolongado. Y en la medida en que estemos dispuestos a ver con claridad cómo nos reprimimos y nos entregamos a las tentaciones, estas tendencias comenzarán a desvanecerse. Aunque desvanecerse no es exactamente lo mismo que desaparecer. Podríamos decir que en su lugar va surgiendo una perspectiva más amplia, más generosa, más iluminada.

El modo de mantenernos en el punto medio entre la represión y la indulgencia consiste en reconocer lo que sea que surja sin juzgarlo, dejando que los pensamientos simplemente se disuelvan, y luego regresar a la apertura de este preciso instante. Eso es lo que hacemos en realidad durante la meditación; aparecen una enorme cantidad de pensamientos de toda índole, pero, en lugar de reprimirlos u obsesionarnos con ellos, nos limitamos a reconocerlos y dejarlos marchar. Después, volvemos a anclarnos en el momento presente.

Transcurrido un cierto tiempo, este pasa a ser también el modo en el que nos relacionamos con la esperanza y el miedo en la vida diaria. De pronto dejamos de luchar y nos relajamos. Somos capaces de identificar nuestra propia historia personal, de desprendernos de ella y regresar a la frescura del momento presente.

25

Máxima: «De los dos testigos, quédate con el principal»

AL EJERCITAR LA BODHICHITTA (y, en realidad, en cualquier otra práctica) lo importante es que tan solo nosotros sabemos qué aspectos son los que se van abriendo y cuáles se van cerrando. Cuando practicas, solo tú tienes acceso a esa información. Podríamos decir que en nuestro progreso hay dos clases de testigos. Una clase serían todos los demás, quienes nos hacen saber sus opiniones y comentarios al respecto. Vale la pena escucharlos, pues siempre hay parte de verdad en lo que nos dice la gente, pero, en todo caso, el testigo principal eres tú mismo. Tu eres el único que sabe cuándo te estás abriendo y cuándo te estás cerrando. Tú eres el único que sabe cuándo estás usando las cosas para protegerte y mantenerte bien firme en tu ego y cuándo te estás abriendo y dejando que las cosas se desmoronen (cuándo permites que el mundo llegue a ti tal como es y, por así decirlo, trabajas *con él* en lugar de *contra él*). Tú eres el único que lo sabe.

Otro máxima dice: «No conviertas a los dioses en demonios», haciendo referencia a que es perfectamente posible coger algo bueno (como, por ejemplo, la práctica del entrenamiento mental) y convertirlo en algo negativo y pernicioso. Prácticamente cualquier cosa puede servirnos para echar las persianas de nuestro ser y cerrarnos a cal y canto. Por ejemplo, podemos usar la práctica para reforzar nuestro sentido de confianza, para potenciar la sensación de encontrarnos en el lugar y el momento adecuados, de haber elegido la religión correcta, y acabar pensando «Ahora estoy del lado de lo bueno y todo está bien en el mundo». Eso no va a sernos de demasiada ayuda. Si usamos el *tonglen* o cualquier otra práctica para sentirnos como héroes, tarde o temprano acabaremos sintiendo que estamos inmersos en una batalla constante con la realidad y que la realidad siempre nos gana. Pero... tú eres el único que puede saberlo.

26
Encontrar el límite

E N LAS ENSEÑANZAS del budismo escuchamos hablar sobre la inexistencia del yo. Es una idea difícil de entender... ¿A qué se refieren exactamente? Cuando, por ejemplo, las enseñanzas tratan sobre la neurosis, nos sentimos como en casa, pues eso es algo que realmente podemos entender y con lo que nos podemos identificar, pero ¿qué es la inexistencia del yo? Cuando llegamos a nuestro límite, si aspiramos a conocer ese lugar por completo (es decir, si aspiramos a no caer ni en la indulgencia ni en la represión), algo sólido y duro dentro de nosotros comienza a disolverse. La fuerza misma de la energía que esté surgiendo en ese momento (la energía de la ira, de la desilusión, del miedo, etc.) nos ablandará. Cuando no se solidifica en una u otra dirección, esa misma energía penetra en nuestro corazón y hace que nos abramos. Este es el descubrimiento de la inexistencia del yo. Es en este momento cuando todos nuestros esquemas habituales se desmoronan. Alcanzar nuestro propio límite no significa encontrarnos con una especie de obstáculo o de castigo; es más bien como encontrar un portal que nos lleva de vuelta a la cordura y la bondad incondicional de la humanidad.

Para empezar a trabajar en este sentido, el lugar más seguro y en el que mejor podemos cultivar estas cualidades es durante la meditación sedente. En el cojín, comenzamos a dominar (a cogerle el tranquillo) el arte de no caer ni en la indulgencia ni en la represión, y también empezamos a sentir lo que es permitir que la energía simplemente esté ahí presente. Por eso resulta tan beneficioso meditar todos los días y seguir familiarizándonos constantemente con nuestras esperanzas y temores, porque esto planta las semillas que nos permiten estar más despiertos en medio del caos cotidiano. Es un despertar gradual y acumulativo, pero, en realidad, eso es lo que sucede: no nos sentamos a meditar para convertirnos en buenos meditadores, sino para poder estar más despiertos en la vida cotidiana.

27

Las características fundamentales de la vida: el sufrimiento

L A TERCERA MARCA de la existencia es el sufrimiento, la insatisfacción, el descontento. Por decirlo en pocas palabras, sufrimos cuando nos resistimos a la noble e irrefutable verdad de la impermanencia y de la muerte. No sufrimos porque seamos básicamente malos o porque merezcamos ser castigados, sino por tres trágicos malentendidos.

En primer lugar, esperamos que aquello que siempre está en proceso de transformación sea predecible y abarcable, que podamos amarrarlo y conservarlo. Al confundir lo impermanente y tomarlo por permanente, sufrimos.

En segundo lugar, actuamos como si estuviésemos separados de todo lo demás, como si tuviésemos una identidad fija e independiente, cuando lo cierto es que carecemos por completo de un yo personal. Al confundir la apertura de nuestro ser y tomarla por un yo sólido e irrefutable, sufrimos.

Y, en tercer lugar, buscamos la felicidad en toda clase de lugares equivocados. El Buda llamó a este hábito «Confundir el sufrimiento con la felicidad». Nos acostumbramos a buscar ciertas cosas con las que aliviar la inquietud o los nervios del momento, y así nos vamos volviendo cada vez menos capaces de permanecer incluso con la más mínima y fugaz inquietud o desasosiego. Lo que comienza no siendo más que un leve cambio de energía (un ligero agarrotamiento en el estómago, una vaga e indefinible sensación de que algo malo está a punto de suceder, etc.) se acaba convirtiendo en una adicción. Así es como tratamos de hacer que la vida sea predecible. Al confundir todas esas cosas que siempre acaban resultando en sufrimiento y creer que son las que nos traerán la felicidad, nos quedamos atrapados en el hábito repetitivo de incrementar nuestra propia insatisfacción.

28

Esperanza y miedo

UNA DE LAS ENSEÑANZAS budistas clásicas sobre la esperanza y el miedo tiene que ver con lo que se conoce como los Ocho *dharmas* mundanos, que son cuatro pares de opuestos: cuatro cosas que nos gustan y a las que nos aferramos y otras cuatro que aborrecemos y tratamos de evitar. Su mensaje básico es que cuando estamos atrapados en los Ocho *dharmas* mundanos, sufrimos.

En primer lugar, nos gusta el placer, nos aferramos a él. Y a la inversa: no nos gusta el dolor. En segundo lugar, nos gusta y estamos fuertemente apegados a los elogios y las alabanzas, mientras que a la par intentamos evitar las críticas y la culpa. En tercer lugar, nos gusta y estamos apegados a la fama, al tiempo que detestamos que nos desprestigien y tratamos de evitarlo. Por último, estamos apegados a ganar, a conseguir lo que queremos, pero no nos gusta perder lo que tenemos.

De acuerdo con esta enseñanza tan simple, lo que nos mantiene atrapados en el dolor del *samsara* es el hecho de estar inmersos en estos cuatro pares de opuestos (placer/dolor, ensalzamiento/culpa, fama/descrédito y ganancia/pérdida).

Podríamos sentir que, de algún modo, deberíamos tratar de erradicar estos sentimientos, pero un enfoque más práctico sería procurar conocerlos íntimamente, ver cómo nos atrapan en sus redes, comprobar por nosotros mismos cómo distorsionan nuestra percepción de la realidad y darnos cuenta de que no son tan sólidos como nos parecen. De este modo, los Ocho *dharmas* mundanos se convierten en un medio a través del cual adquirir más sabiduría, así como volvernos más amables y sentirnos más satisfechos.

29

No te lo tomes tan en serio (y haz algo diferente)

LA CAPACIDAD DE TOMARSE las cosas con calma y con cierta ligereza es la clave para sentirnos a gusto a nivel corporal, mental y emocional, así como para sentirnos merecedores de vivir en este planeta. Por ejemplo, puede que escuchemos la máxima «Has de mantener siempre una mentalidad alegre» y comencemos a darnos cabezazos contra la pared porque nunca conseguimos estar alegres. Esa forma de presenciación es demasiado dura y severa.

Esta seriedad, esta gravedad y formalidad con respecto a todo lo que hacemos en la vida (incluida la práctica meditativa), esta actitud orientada hacia los objetivos y basada en el «voy a conseguirlo cueste lo que cueste» es uno de los factores que más alegría le roban al mundo. Abordamos las cosas con tanta seriedad que no queda ningún sentido de gusto, de apreciación y disfrute. En cambio, una mente alegre actúa con más normalidad y siempre está relajada y sosegada. Así que aligera, tómate las cosas con más distensión. No hagas una montaña de un grano de arena ni te tomes las cosas tan a pecho.

Cuando aspiramos a adoptar una actitud más distendida empezamos a tener un mayor sentido del humor y nuestro estado de seriedad y gravedad va siendo desmantelado. Aparte del sentido del humor, otro factor de apoyo básico para albergar una mentalidad alegre y relajada es la curiosidad, prestar atención a las cosas, interesarnos por el mundo que nos rodea. No es estrictamente necesario que estemos felices y contentos, pero mostrar curiosidad por todo sin tener una actitud crítica siempre ayuda. Si eres muy crítico y tienes tendencia a juzgarlo todo, puedes aplicar tu curiosidad sobre eso mismo.

La curiosidad fomenta el buen ánimo, y lo mismo ocurre con el simple hecho de acordarnos de hacer las cosas de un modo diferente. Estamos tan atrapados en este sentido de carga («¡La enorme importancia de mi alegría!», «¡El gran problema de mi tristeza!») que a veces nos viene muy bien sencillamente cambiar nuestros hábitos de conducta. Cualquier cosa que se salga de la rutina será beneficiosa. Puedes acercarte a la ventana y contemplar el cielo, echarte un poco de agua fría en la cara, cantar en la ducha, hacer un poco de *jogging*; cualquier cosa que se salga de tu patrón habitual. Así es como las cosas empiezan a volverse más ligeras.

30
Los cuatro recordatorios

L os cuatro recordatorios son cuatro buenas razones por las que el guerrero-*bodhisattva* se esfuerza de forma continua en regresar al momento presente. Son los siguientes:

1. *Nuestro precioso nacimiento humano.* Al igual que ocurre con el tiempo atmosférico, también en nosotros van y vienen todo tipo de sentimientos, emociones y pensamientos, pero eso no es motivo para olvidar lo preciosa que es la situación en la que nos encontramos en cada momento. El hecho de haber nacido con forma humana nos permite escuchar estas enseñanzas, practicar y abrir nuestro corazón a los demás.
2. *La verdad de la impermanencia.* La esencia de la vida es la fugacidad. ¡La vida podría terminarse dentro de un segundo! Recordar la impermanencia y tenerla siempre presente puede enseñarnos mucho sobre cómo recuperar un buen estado de ánimo. No pasa nada por sentir temor. Observar nuestro propio miedo puede hacer que tengamos una mayor sensación de gratitud

ante el inmenso valor de haber nacido como seres humanos y la oportunidad que se nos ha dado de poder practicar.

3. *La ley del karma.* Toda acción produce un resultado. Cada vez que te muestras dispuesto a reconocer los pensamientos que estás teniendo y a regresar a la frescura del momento presente, estás sembrando las semillas con las que alcanzar el despertar en tu propio futuro. Al albergar la aspiración de deshacerte de tus formas habituales de proceder y, en lugar de eso, obrar de forma distinta estás fomentando en ti mismo un estado despierto innato y fundamental. Tú eres el único que puede hacerlo. La vida es breve y preciosa y está en tu mano usarla bien.

4. *La futilidad del* samsara. El *samsara* es preferir la muerte a la vida, y surge por el hecho de estar siempre tratando de crear zonas seguras. Nos quedamos atrapados en esta actitud porque nos aferramos a una curiosa y diminuta identidad que nos aporta una cierta seguridad, por más dolorosa que esta sea. El cuarto recordatorio consiste en ser conscientes de la absoluta futilidad de esta estrategia.

31
El cielo y el infierno

U N FORNIDO Y CORPULENTO samurái acude a un maestro zen y le interpela de este modo:

—Dime cuál es la naturaleza del cielo y el infierno.

El maestro zen le mira a los ojos y contesta:

—¿Por qué debería decírselo a un ser desaliñado, asqueroso, miserable y perverso como tú? ¿De verdad crees que tendría que molestarme siquiera en dirigirle la palabra a un gusano como tú?

Consumido por la rabia, el samurái desenfunda su espada y la levanta en el aire dispuesto a cortarle la cabeza al maestro.

En ese momento, el maestro zen le hace saber:

—Eso es el infierno.

Al instante, el samurái comprende que él mismo acaba de crear su propio infierno: oscuro, abrasador, lleno de odio, de autoprotección, de ira y resentimiento. Se da cuenta de que en un instante ha caído tan hondo en el infierno que hasta estaba dispuesto a matar a alguien. Sus ojos se llenan de lágrimas al tiempo que junta las manos para inclinarse por pura gratitud ante esta revelación. Entonces, el maestro zen le dice:

—Eso es el cielo.

El guerrero-*bodhisattva* no cree que el infierno sea malo, y el cielo, bueno: su actitud no es la de procurar deshacerse de todo lo que tenga que ver con el infierno y buscar solo lo divino. En lugar de eso, lo que hacemos es fomentar una apertura de corazón y de mente ante el cielo, el infierno y lo que sea; procuramos estar abiertos a todo. Únicamente con esta clase de ecuanimidad podemos llegar a comprender que, independientemente de lo que sea que esté presente, siempre nos encontramos en el centro mismo de un espacio sagrado. Solo con ecuanimidad podemos darnos cuenta de que todo lo que entra en el círculo de nuestra experiencia está ahí para enseñarnos aquello que necesitamos aprender.

32

Las tres estrategias fútiles

H AY TRES MÉTODOS o estrategias a los que los seres humanos recurrimos con frecuencia cuando tenemos que hacer frente a hábitos poco edificantes como la pereza, la ira o la autocompasión. Yo las llamo las *tres estrategias fútiles*, y son atacar, la autocomplacencia e ignorar.

La primera, la estrategia fútil que consiste en atacar, está especialmente extendida. Cuando somos conscientes de nuestros hábitos nos condenamos a nosotros mismos. Nos criticamos y nos echamos la culpa por habernos entregado en exceso a la comodidad y la indulgencia, por compadecernos, por no levantarnos de la cama, etc. Nos regodeamos en el sentimiento de culpabilidad, en la sensación de haber hecho algo mal.

La estrategia fútil de la autocomplacencia es igualmente común, y consiste en justificar o incluso aplaudir el hábito del que se trate: «Bueno, soy así. ¿Qué le vamos a hacer? No me merezco tener que cargar con esta angustia. Me sobran motivos para estar enfadado y para dormir las veinticuatro horas del día». En estas circunstancias es posible que nos asalten muchas dudas y sentimientos de inadecuación, pero nos autojustificamos y nos decimos a nosotros mismos que no pasa nada por tolerar nuestro comportamiento.

La estrategia basada en ignorar también resulta muy efectiva, al menos durante un cierto tiempo. En ella nos disociamos, nos distraemos, nos insensibilizamos, hacemos todo lo posible por distanciarnos de la cruda y desnuda verdad de nuestros hábitos. Ponemos el piloto automático y sencillamente evitamos ver o examinar demasiado de cerca lo que hacemos.

Las prácticas de entrenamiento mental del guerrero nos ofrecen una cuarta alternativa: la estrategia iluminada. Intenta experimentar plenamente aquello a lo que te has estado resistiendo, sin escapar del modo en que sueles hacerlo. Indaga, muéstrate muy inquisitivo en todo lo que tenga que ver con tus hábitos de conducta. Practica entrar en contacto con la sensibilidad y la insustancialidad fundamentales de tu ser antes de que tu forma de actuar se fragüe y se convierta en un hábito. Hazlo con la clara intención de reducir tus apegos egoicos e incrementar tu sabiduría y tu compasión.

33

Lo contrario del samsara

LO CONTRARIO DEL *SAMSARA* es cuando todos los muros se caen, cuando la crisálida desaparece por completo y estamos totalmente abiertos a lo que pueda ocurrir, sin distanciarnos, sin retraernos, sin replegarnos y volvernos a agazapar en nosotros mismos. A eso aspiramos, ese es el viaje del guerrero. Y eso es lo que nos motiva y nos mueve a la acción: dar el salto, ser arrojados fuera del nido, pasar por los ritos de iniciación, crecer, madurar y adentrarnos en algo incierto y desconocido.

¿Qué haces cuando te sientes inquieto y ansioso porque tu mundo se está desmoronando? ¿Cómo reaccionas cuando no estás a la altura de la imagen que tienes de ti mismo, cuando todo el mundo te irrita porque nadie se comporta del modo en que tú deseas que lo hagan, cuando tu vida entera está llena de desdicha emocional, de confusión y conflicto? En esos momentos es útil recordar que estás pasando por todos estos trastornos emocionales porque, en mayor o menor medida, algo ha puesto en riesgo tu comodidad. Es como si alguien hubiese tirado con fuerza de la alfombra sobre la que estabas. Amoldarte y sintonizar con esa sensación de desamparo, de insustancialidad (de no contar con un terreno firme sobre el que poder apoyarte), es una forma de recordar que, en esencia, prefieres la vida y el combate del guerrero a la muerte.

34

Cultivar las cuatro cualidades ilimitadas

EN CIERTA OCASIÓN, una maestra me dijo que, si quería disfrutar de una felicidad duradera, la única forma de conseguirla era salir de mi cascarón. Cuando le pregunté qué podía hacer para llevar esa felicidad a los demás, su respuesta fue: «Lo mismo». La mejor manera de servirnos a nosotros mismos es amar y cuidar a los demás, y ese es el motivo por el que trabajo con las prácticas de aspiración de las cuatro cualidades ilimitadas (la amorosa bondad, la compasión, la alegría y la ecuanimidad), pues se trata de unas herramientas muy poderosas para disolver las barreras que perpetúan el sufrimiento de todos los seres.

Lo mejor es llevar a cabo la meditación sedente antes y después de estas prácticas. Para comenzar empezamos justo donde estamos, conectamos con ese lugar (por muy estrecho o limitado que pueda ser) en el que en este momento somos capaces de sentir amorosa bondad, compasión, alegría o ecuanimidad (incluso podemos hacer una lista con las personas o los animales que nos inspiran estos sentimientos). Aspiramos a que tanto nosotros como nuestros seres queridos podamos disfrutar del estado y las características que estamos practicando. Luego, gradualmente, vamos extendiendo esa aspiración a un círculo de relaciones cada vez más amplio.

Podemos realizar estas prácticas en tres simples pasos recitando las palabras del canto tradicional de los Cuatro ilimitados (ver página 7) o cualquier otro texto que tenga sentido para nosotros. Para comenzar deseamos para nosotros mismos alguna de las cuatro cualidades ilimitadas: «Que pueda sentir el gozo de la amorosa bondad». Luego incluimos a alguno de nuestros seres queridos en la aspiración y nos dirigimos a él: «Que tú también puedas sentir el gozo de la amorosa bondad». Y finalmente extendemos nuestro deseo a todos los seres sintientes: «Que todos los seres puedan sentir el gozo de la amorosa bondad». O, en lugar de amorosa bondad, podemos desear compasión: «Que pueda yo estar libre del sufrimiento y las causas del sufrimiento. Que puedas tú estar libre del sufrimiento y las causas del sufrimiento. Que todos los seres puedan estar libres del sufrimiento y las causas del sufrimiento». Si queremos realizar una práctica de aspiración más elaborada, podemos usar las siete etapas que se muestran en la enseñanza 35.

Las prácticas de aspiración de las cuatro cualidades ilimitadas nos enseñan a no contenernos, a ser conscientes de nuestros prejuicios y no seguir fomentándolos. Poco a poco nos iremos acostumbrando a ir más allá del miedo que tenemos a sentir dolor. Esto es lo que necesitamos para poder involucrarnos plenamente en la aflicción y el sufrimiento del mundo, y así extender la amorosa bondad, la compasión, la alegría y la ecuanimidad a todo el mundo sin excepción.

35

La práctica de la amorosa bondad

PASAR DE LA AGRESIÓN a la amorosa bondad incondicional puede parecernos una tarea intimidante y desalentadora, pero comenzamos con lo que tenemos más a mano, con aquello que nos es más familiar. La instrucción para cultivar una *maitri* ilimitada consiste en encontrar primero en nosotros mismos la ternura y la sensibilidad que ya albergamos. Nos ponemos en contacto con nuestra gratitud, con nuestro sentido de aprecio, con nuestra capacidad actual de albergar sentimientos de buena voluntad. Conectamos (de una manera eminentemente práctica) con ese rincón sensible que es la *bodhichitta*. Si lo encontramos en la ternura de los sentimientos de amor o en la vulnerabilidad de la sensación de soledad resulta irrelevante: en ambos casos, si lo buscamos de verdad, siempre podremos encontrar en nuestro interior esa zona o esa área sensible y vulnerable.

En esta práctica formal en siete pasos usamos el primer verso del canto de los Cuatro ilimitados (ver página 7). También puedes expresar la aspiración con tus propias palabras.

1. Despierta el sentimiento de amorosa bondad hacia ti mismo: «Que pueda disfrutar de la felicidad y de las causas de la felicidad». Puedes usar estas palabras u otras que prefieras.

2. Despiértalo hacia alguien por quien sientas de forma espontánea un cariño y unos buenos deseos inequívocos, como, por ejemplo, tu madre, tu hijo, tu cónyuge o tu perro: «Que [nombre] pueda disfrutar de la felicidad y de las causas de la felicidad».

3. Despierta el sentimiento de amorosa bondad hacia alguien un poco más distante, como pueda ser un amigo o un vecino, una vez más diciendo su nombre y aspirando a que esta persona sea feliz, usando las mismas palabras.

4. Despierta la amorosa bondad hacia alguien que no te genere sentimientos positivos ni negativos, alguien por quien sientas neutralidad o indiferencia, usando las mismas palabras.

5. Despierta la amorosa bondad hacia alguien que te parezca una persona difícil u ofensiva.

6. Deja que tu amorosa bondad crezca lo suficiente como para incluir en su seno a todos los seres de los cinco pasos anteriores. (A este paso se le denomina *disolver las barreras*). Di: «Que tanto yo como mi ser querido, mi amigo, esa persona que me resulta neutral y esa otra persona a la que encuentro difícil de tratar podamos disfrutar todos juntos de la felicidad y de las causas de la felicidad».

7. Extiende este sentimiento a todos los seres del universo. Puedes comenzar con lo que te resulta más cercano

y familiar y después ir ampliando el círculo progresivamente hasta llegar a la aspiración: «Que todos los seres sintientes puedan disfrutar de la felicidad y de las causas de la felicidad».

Al final de la práctica, deja que todas las palabras caigan, despréndete de todo deseo y simplemente regresa a la simplicidad no conceptual de la meditación sedente.

36
Cultivar la compasión

DEL MISMO MODO que nutrir y cultivar la capacidad de amar es una forma de despertar la *bodhichitta*, también lo es cultivar la capacidad de sentir compasión. No obstante, la compasión supone un mayor reto a nivel emocional porque implica estar dispuestos a sentir dolor; sin duda alguna requiere la formación y el entrenamiento de un guerrero.

Para despertar la compasión, el yogui del siglo XIX Patrul Rimpoché sugiere imaginar seres atormentados: un animal a punto de ser sacrificado, una persona que aguarda a ser ejecutada... Para que la escena sea aún más inmediata y apremiante nos recomienda que nos imaginemos a nosotros mismos en su lugar. Su imagen de una madre sin brazos que ve impotente cómo un río embravecido arrastra a su hijo resulta especialmente trágica y desoladora. Adentrarse por completo y de forma directa en el sufrimiento de otro ser es tan doloroso como estar en la piel de esa mujer. A la mayoría, el mero hecho de considerar algo así nos resulta absolutamente aterrador. En la práctica de la compasión asumimos que también vamos a sentir intensamente nuestro propio miedo al dolor.

Para practicar la compasión hace falta valor, pues implica aprender a relajarnos y a ir adentrándonos suavemente en aquello que tememos. El truco para hacer esto consiste en permanecer con la angustia emocional, en sentirla sin caer en la estrechez de la aversión; hemos de dejar que el miedo nos ablande, nos abra y nos expanda, en lugar de hacer que nos cerremos en la solidez de la resistencia.

Hasta el simple hecho de pensar en seres que estén padeciendo alguna clase de tormento puede resultarnos sumamente arduo y angustioso, así que ya no digamos actuar en su nombre. Podemos comenzar practicando el simple hecho de reconocer esto (una práctica en verdad mucho más fácil, liviana y asequible). Después, por medio de las aspiraciones, vamos cultivando nuestro coraje y valentía. Pedimos que todos los seres, incluyéndonos a nosotros mismos y a aquellos hacia quienes sentimos aversión, estén libres del sufrimiento y de las causas del sufrimiento.

37

La práctica de la compasión

CULTIVAMOS LA COMPASIÓN para ablandar y expandir nuestro corazón, y también para volvernos más honestos y compasivos en lo referente a cuándo y cómo nos cerramos. Sin justificarnos ni condenarnos, abordamos la valiente tarea de abrirnos al sufrimiento (puede tratarse del dolor que surge cuando ponemos barreras, o del dolor inherente al hecho mismo de abrir el corazón a nuestro propio dolor o al de otro ser). En cuanto a cómo lograr este objetivo, aprendemos tanto de los fracasos como de los éxitos. Al cultivar la compasión nos basamos en la totalidad de nuestra experiencia: en nuestro sufrimiento, en nuestra empatía, así como en nuestra crueldad y nuestros miedos. Ha de ser así. La compasión no consiste en establecer una relación entre «el que está herido» y «el que sana», sino que es una relación entre iguales. Solo cuando conocemos bien nuestra propia oscuridad podemos estar verdaderamente presentes ante la oscuridad de los demás. La compasión se vuelve real cuando reconocemos nuestra humanidad común y compartida.

Al igual que hacemos con todas las prácticas de aspiración de las cuatro cualidades ilimitadas, comenzamos la práctica de la compasión en el lugar en el que nos encontramos, y luego vamos ampliando y expandiendo nuestra capacidad. Empezamos identificando y ubicando nuestra capacidad actual de sentirnos genuinamente conmovidos por el sufrimiento. Podemos hacer un listado con aquellas personas que nos evoquen sentimientos de compasión (este listado podría incluir a nuestro nieto, a nuestro hermano, o a algún amigo que tenga miedo de morir, y también a seres que vemos en las noticias o sobre los que leemos en algún libro). Lo importante es simplemente localizar y entrar en contacto con ese sentimiento de compasión genuina, dondequiera que sea que lo encontremos. Luego podemos seguir la fórmula de los tres pasos: «Que yo esté libre de sufrimiento. Que tú estés libre de sufrimiento. Que todos nosotros estemos libres de sufrimiento». También podemos seguir el proceso formal en siete pasos presentado en la enseñanza 35 usando la expresión: «Que yo pueda estar libre del sufrimiento y del origen del sufrimiento», u otras palabras de nuestra elección. Al igual que ocurre con todas las prácticas de potenciación de la *bodhichitta*, es mejor realizar la práctica de la aspiración de la compasión en el transcurso de una sesión de meditación sedente.

38

Cultivar la capacidad de disfrutar y regocijarse

A MEDIDA QUE VAMOS cultivando nuestro jardín, las condiciones se van volviendo más propicias para el crecimiento de la *bodhichitta*. Empezamos a sentir alegría, una alegría que proviene de no rendirnos, de mantenernos fieles a nosotros mismos y comenzar a sentir el gran espíritu guerrero que mora en nuestro interior. También establecemos las condiciones adecuadas para el gozo y la alegría al ejercitarnos en las prácticas de la *bodhichitta*, y en particular mediante la ejercitación de la capacidad de regocijarnos y de apreciar y valorar lo que tenemos. Al igual que con el resto de las cualidades ilimitadas, podemos llevar a cabo este ejercicio como una práctica de aspiración en tres pasos: «Que yo no me separe de la gran felicidad que está desprovista de todo sufrimiento. Que tú no te separes de la gran felicidad que está desprovista de todo sufrimiento. Que nosotros no nos separemos de la gran felicidad que está desprovista de todo sufrimiento». También podemos llevarlo a cabo como una práctica en siete etapas (enseñanza 35). Siéntete libre de utilizar tus propias palabras.

La apreciación, el gozo y la alegría que conllevan estas aspiraciones radican en que nos ayudan a morar siempre en la naturaleza completamente abierta e imparcial de nuestra mente y a conectar con la fuerza interior de nuestra naturaleza benevolente fundamental. Para hacerlo comenzamos con ejemplos condicionados de nuestra buena fortuna, como pueden ser la buena salud de la que disfrutamos, nuestra inteligencia básica, el hecho de contar con un entorno que nos apoya, etc. (es decir, las afortunadas condiciones que son consustanciales a nuestro precioso nacimiento humano). Para el guerrero que se encuentra en proceso de despertar, su mayor ventaja es tener la suerte de encontrarse en un tiempo y un lugar en el que le es posible escuchar y practicar las enseñanzas de la *bodhichitta*.

Podemos practicar el primer paso de esta aspiración aprendiendo a alegrarnos por nuestra buena fortuna y regocijarnos en ella. La clave está en permanecer aquí, en estar totalmente conectados con los detalles de nuestra vida, prestándoles una total atención y expresando nuestro aprecio en forma de cercanía y amistad hacia nosotros mismos y hacia la propia cualidad viviente que está presente en todo. Esta combinación de atención plena y apreciación nos conecta plenamente con la realidad y nos hace sentir alegres, dichosos. Cuando hacemos extensivas esta atención y esta apreciación de modo que incluyan también al entorno en el que nos encontramos y a los demás, nuestra experiencia de gozo y alegría se expande aún más.

39

La práctica de la ecuanimidad

AL PRACTICAR LA AMOROSA bondad, la compasión y la capacidad de alegrarnos y regocijarnos nos estamos ejercitando también para pensar más a lo grande, para abrirnos tan incondicionalmente como nos es posible. Estamos cultivando el estado imparcial de la ecuanimidad. Sin esta cuarta cualidad ilimitada, las otras tres quedan mermadas por nuestro hábito de aceptar o rechazar, de juzgar que las cosas nos gustan o no nos gustan.

Ejercitar la ecuanimidad es aprender a abrirle las puertas a todo, a dar la bienvenida a todos los seres, a invitar a la vida a que nos visite. Por supuesto, ante la llegada de ciertos invitados sentiremos miedo y aversión. Nos damos permiso a nosotros mismos para abrir tan solo una pequeña rendija si eso es lo único que somos capaces de hacer en este momento, y para cerrar la puerta cuando sea necesario. Cultivar la ecuanimidad es un trabajo continuo y progresivo. Aspiramos a pasar toda nuestra vida ejercitando la amorosa bondad y aprendiendo a tener el coraje necesario para recibir de buen grado lo que sea que se presente: enfermedad, salud, pobreza, riqueza, dolor, alegría... Le damos la bienvenida a todo y todo lo que-remos conocer a fondo.

La perspectiva de la ecuanimidad es mucho más amplia que nuestra limitada forma habitual de ver las cosas; es la mente vasta y espaciosa que no reduce la realidad a un simple «estar a favor o en contra», a un mero «me gusta/no me gusta». Primero conectamos con esa zona en la que sentimos la ecua-nimidad, y después nos ejercitamos formalmente para culti-varla mediante la práctica de los tres pasos: «Que pueda yo morar en la gran ecuanimidad, que está libre de toda pasión, agresión y prejuicio. Que puedas tú morar en la gran ecuani-midad, que está libre de toda pasión, agresión y prejuicio. Que todos los seres puedan morar en la gran ecuanimidad, que está libre de toda pasión, agresión y prejuicio». Como siempre, no hay ningún problema si usas tus propias palabras. La práctica de aspiración de la ecuanimidad también se pue-de ampliar realizándola en siete etapas (ver enseñanza 35). Es conveniente practicar, aunque sea brevemente, la meditación sedente antes y después de esta práctica.

40

Pensar con una mayor perspectiva

PARA CULTIVAR LA ECUANIMIDAD practicamos el hecho de cazarnos a nosotros mismos cuando sentimos atracción o aversión, antes de que el sentimiento cristalice en forma de avidez o negatividad. Nos entrenamos para mantenernos anclados en nuestro rincón sensible y para usar nuestros prejuicios como peldaños por los que ir avanzando en nuestra conexión con la confusión y la ofuscación de los demás. Las emociones fuertes resultan útiles en este sentido. Surja lo que surja, independientemente de lo mal que nos haga sentir, siempre podemos usarlo para incrementar la empatía que sentimos hacia otras personas que estén sufriendo la misma clase de agresión o de deseo (otros que, al igual que nosotros, han quedado atrapados en las redes de la esperanza y el miedo). Así es como llegamos a darnos cuenta de que todos vamos en el mismo barco. Todos necesitamos desesperadamente alcanzar una mayor comprensión respecto a qué cosas nos conducen a la felicidad y cuáles nos llevan al dolor.

Incluso tras de años de práctica, es fácil seguir cerrándose en una sólida posición de encono, enfado e indignación. Sin embargo, si somos capaces de conectar con la vulnerabilidad y la crudeza del resentimiento, de la ira o lo que sea que esté presente, le estaremos abriendo las puertas a una perspectiva mucho más amplia. En el momento mismo en que elegimos permanecer con la energía en lugar de dejarnos llevar por ella o reprimirla estamos ejercitando la ecuanimidad, estamos aprendiendo a pensar más allá de lo que está bien y lo que está mal, de lo correcto y lo incorrecto. De este modo, las cuatro cualidades ilimitadas (el amor, la compasión, la alegría y la ecuanimidad) evolucionan y nos llevan de lo limitado a lo ilimitado: practicamos el ser conscientes del momento en el que nuestra mente cristaliza en forma de puntos de vista fijos y, una vez hecho esto, hacemos todo lo que está en nuestra mano para volver a flexibilizarla. Gracias a este reblandecimiento, a esta suavización de la mente, las barreras caen.

41

Estate justo donde estás

Puedes cultivar las cuatro cualidades ilimitadas del amor, la compasión, la alegría y la ecuanimidad aprendiendo a relajarte en tu estado actual. No hay ningún problema en el hecho de ser tal como eres ahora mismo. Incluso si tan solo sientes amorosa bondad y compasión por un único ser, ese es un buen lugar desde el que comenzar. El simple hecho de reconocer, respetar y apreciar esa calidez ya es una forma de estimular su desarrollo. Podemos estar donde estamos y, al mismo tiempo, dejar completamente abierta la posibilidad de poder expandirnos mucho más allá de nuestro estado actual en el transcurso de nuestra vida.

La codicia, las ansias voraces, forzar las cosas o esforzarse en exceso por conseguirlas nunca nos conduce a una mayor expansión. Esta se da a través de una cierta combinación que consiste en aprender a relajarnos en el estado en el que ya nos encontremos y, al mismo tiempo, mantenernos abiertos a la posibilidad de que en realidad nuestra capacidad (la tuya, la mía, la de todos los seres) es ilimitada. A medida que continuamos relajándonos en el lugar que ocupamos, nuestra apertura se va expandiendo. Este es el potencial del ser humano. Este es el regalo que supone haber nacido con forma humana. Cuando decimos «Que yo pueda disfrutar de la felicidad», «Que yo pueda estar libre de sufrimiento» o «Que cualquier persona pueda disfrutar de la felicidad y estar libre de sufrimiento», lo que estamos diciendo realmente es que expandir de forma ilimitada nuestra capacidad de apertura y de atención hacia los demás forma parte de las capacidades potenciales del ser humano. Comenzamos sintiendo amor o compasión hacia un solo ser; luego expandimos estos sentimientos para incluir a más y más seres, hasta que alcanzamos la plena capacidad humana para conectar con el amor y la compasión (y esa capacidad es un candor, una afabilidad, una cordialidad, una ternura absolutamente ilimitada, abierta, sin restricciones; una energía dinámica, viva y conectada que carece de todo punto de referencia). Ese es nuestro potencial como seres humanos: conectar plenamente con la situación tal como sea. Y el primer paso consiste en ser exactamente como somos, en estar justo en el lugar en el que nos encontramos.

42

El tonglen *y la ausencia de miedo*

En las enseñanzas budistas, así como en las de la escuela Shambhala (y, de hecho, en las de cualquier tradición que nos enseñe a vivir bien), se nos alienta a cultivar una actitud libre de miedos. Pero ¿cómo podemos hacer eso? Ciertamente, la práctica de la meditación sedente es una forma, pues a través de ella llegamos a conocernos de un modo muy completo y sin tener que pasar por grandes suplicios. La práctica del *tonglen* («tomar y dar» o «coger y enviar») también ayuda a cultivar esta actitud de arrojo y valentía. Cuando llevamos un tiempo realizando esta práctica empezamos a darnos cuenta de que el miedo tiene que ver con querer proteger nuestro corazón: sentimos que hay una amenaza, que algo va a dañarlo, así que lo protegemos.

Después de practicar *tonglen* por primera vez, me sorprendió darme cuenta de que había estado utilizando de forma sutil la meditación sedente para tratar de evitar que me hiriesen, para tratar de esquivar la depresión, el desaliento o cualquier otra clase de malos sentimientos. Sin saberlo, albergaba la secreta esperanza de que, si llevaba a cabo la práctica, dejaría de sentir dolor, cuando lo cierto es que practicar *tonglen* es abrir las puertas al dolor, invitarle a que penetre en nosotros. Hace falta valentía y coraje para llevar a cabo esta práctica y, curiosamente, el *tonglen* también nos infunde a su vez mucho valor, pues a través de él permitimos que el dolor atraviese nuestra coraza. Es una práctica que nos permite sentirnos menos agobiados, menos tensos y agarrotados, a la vez que nos enseña a amar sin condiciones.

La negatividad y el resentimiento se producen porque intentamos ocultar o cubrir ese rincón sensible de la *bodhichitta*. De hecho, si nos blindamos, es precisamente porque somos sensibles y vulnerables, porque lo que ocurre a nuestro alrededor nos conmueve profundamente. El motivo por el que empezamos a acorazarnos y protegernos en un primer momento es que albergamos en nosotros este verdadero y genuino corazón de empatía y sensibilidad. En la práctica del *tonglen* estamos dispuestos a exponer esta parte de nosotros (la más tierna, la más vulnerable).

43

Tonglen: *la clave para ser conscientes de la interconexión*

POR LO GENERAL, la gente asimila las enseñanzas sin mayores problemas, pero, cuando se trata de hacer *tonglen*, son muchos los que objetan cosas como: «Ah, vaya, todo eso sonaba muy bien, pero no pensé que tendríamos que hacerlo de verdad». En esencia, esta práctica consiste en inhalar todo aquello que nos resulta doloroso o indeseable, en llevarlo a nuestro interior por medio de la respiración. Dicho de otro modo, se trata de no resistirnos a ello, de rendirnos, entregarnos y honrarnos a nosotros mismos, de reconocer quienes somos. Cuando aparecen sentimientos y emociones indeseables, los inhalamos, respiramos a través de ellos en un sentido muy real y, de ese modo, conectamos con algo que sienten todos los seres humanos, pues todos sabemos lo que es sentir dolor en sus múltiples formas.

Inhalamos por y para nosotros mismos, en el sentido de que el dolor es una experiencia personal y real, pero, al mismo tiempo, no cabe duda de que también estamos desarrollando la empatía, la conexión y la afinidad con todos los seres. Si podemos conocerlo en nuestro propio interior, también podemos reconocerlo en los demás. Si, por ejemplo, estás sufriendo un ataque de celos y tienes el valor de inhalarlo, de respirarlo, en lugar de culpabilizar a otra persona, esa flecha que sientes clavada en el corazón te dirá que hay personas en todo el mundo que están sintiendo exactamente lo mismo que tú sientes. Esta práctica elimina cualquier diferencia cultural, de estatus económico, intelectual, de raza o religión. En todas partes, la gente siente dolor (celos, ira, abandono, soledad, etc.). Todo el mundo lo siente del mismo modo tan intensamente doloroso y lacerante como tú mismo lo sientes. Las historias personales varían, pero el sentimiento subyacente es el mismo para todos.

De la misma manera, cuando aflora en nosotros un sentimiento de gozo, de alegría (cuando conectamos con algo que nos resulta inspirador, que nos expande, nos alivia o nos relaja), lo exhalamos, lo entregamos al mundo por medio de la respiración, se lo enviamos a todos los demás. De nuevo, se trata de algo muy personal, pues empieza con *nuestra* sensación de alegría, *nuestro* sentido de estar conectando con una perspectiva más amplia, *nuestra* sensación de alivio o relajación. Si estás dispuesto a abandonar tu propia historia personal, sentirás exactamente lo mismo que siente el resto de los seres humanos; es algo que todos compartimos. De esta manera, si llevamos a cabo la práctica de una forma personal y genuina, esta despertará en nosotros un sentido de pertenencia y de cercanía con todos los seres.

44

Las cuatro etapas del tonglen

FORMALMENTE, PUEDES PRACTICAR *tonglen* en el contexto de una sesión de meditación sedente. Por ejemplo, si vas a estar sentado durante una hora, puedes practicar *tonglen* durante los veinte minutos centrales. La práctica del *tonglen* consta de cuatro etapas:

1. Deja que tu mente descanse unos instantes en un estado de apertura o quietud. A esto lo llamamos *destellos de la bodhichitta absoluta* o «abrirnos repentinamente a la amplitud y claridad fundamentales del corazón despierto».

2. Trabaja con las texturas. Al inhalar, absorbe un sentimiento de pesadumbre, de quemazón, de oscuridad (una sensación de claustrofobia). Al exhalar envía al mundo un sentimiento luminoso, fresco, brillante, liviano (una sensación de frescura y ligereza). Inhala por todos los poros de tu piel e irradia igualmente de una forma total y absoluta a través de todos los poros de tu piel. Continúa con esta práctica hasta que sientas que

tu visualización se sincroniza con tu respiración (con las inhalaciones y las exhalaciones).

3. Ahora trae a tu mente cualquier situación dolorosa que sea muy real para ti. Por ejemplo, puedes inhalar la tristeza que sientes (esa sensación ardiente, oscura y constreñida) y exhalar luz, alegría, espaciosidad o lo que sea que pueda proporcionarte cierto alivio.

4. Amplía el círculo de tu compasión conectando con todos aquellos que sienten esta clase de dolor y extendiendo tu deseo de ayudar a todo el mundo.

45
Empieza donde estás

L O QUE HACEMOS en la práctica básica de meditación (y más explícitamente en la práctica del *tonglen*) es trabajar con el punto medio que hay entre reprimir un sentimiento y actuar dejándonos llevar por él. Aprendemos a percibir y ser conscientes de nuestros pensamientos de odio, de ansia, de pobreza, de aversión, lo que quiera que sea. Aprendemos a identificar los pensamientos como la propia actividad de «pensar», a dejarlos ir y entrar en contacto con la textura de la energía que subyace en ellos. Poco a poco nos vamos dando cuenta de lo profundo que puede llegar a ser el simplemente hecho de soltar esos pensamientos, de desprendernos de ellos sin rechazarlos ni reprimirlos. Descubrimos cómo mantener la calma y sentir por completo lo que se oculta bajo nuestra particular historia personal de deseo, aversión, celos, insatisfacción, etc. (lo que está por debajo de toda esa desesperanza y frustración). Comenzamos a sentir la energía de nuestro corazón, de nuestro cuello, de nuestra cabeza, de nuestro estómago, del cuerpo entero: todo aquello que subyace a las historias personales. Descubrimos que hay algo en nosotros extremadamente tierno, sensible y delicado, y eso es lo que llamamos *bodhichitta*. Si somos capaces de relacionarnos de un modo directo con eso, entonces todo lo demás se convierte en nuestro tesoro, en nuestra riqueza.

La instrucción después de la meditación, cuando vuelven a aparecer los venenos de la pasión, la agresión y la ignorancia, es desprendernos de la historia personal. En lugar de actuar dejándonos llevar por nuestros sentimientos o reprimirlos, usamos el veneno como una oportunidad para sentir nuestro corazón, para sentir la herida y conectar con quienes están sufriendo de igual modo. Podemos considerar el veneno como una oportunidad para conectar con la *bodhichitta*. De esta manera, el veneno mismo ya es también el antídoto. Cuando no damos rienda suelta a nuestros sentimientos ni tampoco los reprimimos, la pasión, la agresión y la ignorancia se convierten en nuestra riqueza. No tenemos que transformar nada; lo único que hace falta es sencillamente dejar a un lado la historia personal, soltarla, aunque eso puede ser más difícil de lo que parece. Ese ligero toque de reconocimiento que nos hace ser conscientes de que estamos pensando y nos permite dejar ir el pensamiento es la clave para entrar en contacto con el tesoro de la *bodhichitta*. Da igual lo caótico que sea todo, lo mal que esté todo; simplemente empieza justo donde estás, con lo que tienes ahora. No mañana, dentro de un rato, ni ayer, cuando te sentías mejor, sino ahora. Comienza ahora, tal como eres en este momento.

46

Familiarizarse con el miedo

NO PODEMOS ESTAR en el momento presente y, al mismo tiempo, interpretar nuestro guion particular (es decir, representar nuestra propia historia personal y actuar en función de ella). Experiméntalo por ti mismo y verás cómo te resulta profundamente transformador. La impermanencia se vuelve muy vívida e intensa en el momento presente. Lo mismo ocurre con la compasión, la capacidad de asombro y el valor. Y, por supuesto, también con el miedo. De hecho, cualquiera que se encuentre al borde de lo desconocido, que esté plena y totalmente en el presente, sin ningún punto de referencia, experimentará un profundo sentido de insustancialidad, la sensación de no disponer de ningún terreno firme sobre el que apoyarse. Es ahí cuando nuestra comprensión se vuelve más profunda, cuando nos damos cuenta de que el momento presente es un lugar muy vulnerable. Esta comprensión puede despertar nuestra ansiedad y resultarnos de lo más desasosegante y, al mismo tiempo, calmarnos y aplacarnos con ternura y delicadeza.

De lo que estamos hablando es de conocer el miedo, de familiarizarnos con él, de mirarlo directamente a los ojos (no como una forma de resolver los problemas, sino como medio para deshacer por completo nuestras antiguas formas de ver, oír, oler, saborear y pensar). La verdad es que, cuando empezamos a hacer esto con verdadera intención, constantemente nos volvemos más y más humildes. Al acercarnos a la verdad es natural que, como reacción, aparezca el miedo. Si nos comprometemos a permanecer justo donde estamos, en el lugar que ocupamos, nuestra experiencia se volverá muy vívida e intensa. Las cosas se vuelven tremendamente claras cuando no hay un lugar al que escapar.

47

Reconocer el sufrimiento

L AS DESILUSIONES, los sentimientos de ofuscación, vergüenza o apuro y, en general, todos esos momentos en los que, por un motivo u otro, no nos sentimos bien son una especie de muerte. En esas ocasiones perdemos por completo el terreno firme o la base sólida sobre la que nos apoyábamos; ya no somos capaces de mantener las riendas, dejamos de sentir que lo tenemos todo controlado. En lugar de comprender que la muerte es necesaria para que haya nacimiento, nos limitamos a luchar contra el miedo que nos produce.

Sentir que estamos al límite no es ninguna clase de castigo ni nada por estilo. En realidad, el hecho de que sintamos miedo y nos pongamos a temblar cuando nos encontramos en alguna situación en la que creemos que estamos a punto de morir es un indicativo de que estamos sanos, una señal de cordura, pero, por lo general, no lo interpretamos como un mensaje que nos está indicando que no es el momento de luchar y resistirnos, sino de mirar directamente a aquello que percibimos como una amenaza. Cosas como los desengaños, las decepciones o la ansiedad son mensajes que nos dicen que estamos a punto de adentrarnos en territorio desconocido.

Cuando nos ocurre algo que no deseamos, cuando no conseguimos lo que queremos, cuando enfermamos, cuando nos hacemos mayores, cuando estamos a las puertas de la muerte... siempre que experimentamos alguna de estas cosas en la vida tenemos la posibilidad de reconocer al sufrimiento como tal (como sufrimiento). Entonces podemos mostrarnos curiosos, sentirlo y ser plenamente conscientes de nuestras reacciones. El sufrimiento hunde sus raíces en nuestro miedo a la impermanencia. Por su parte, el dolor tiene su origen en esa visión tan descompensada y desequilibrada que tenemos de la realidad. ¿A quién se le ocurrió que podíamos tener placer sin dolor? Es una idea ampliamente aceptada en este mundo, y nosotros nos la creemos, pero el placer y el dolor van juntos, son inseparables. Son comunes y corrientes, ordinarios; ambos pueden ser celebrados. El nacimiento es a la vez doloroso y placentero. Lo mismo puede decirse de la muerte. Todo lo que termina es también el comienzo de otra cosa. Ni el dolor es un castigo, ni el placer, una recompensa.

48

Máxima: «Cambia tu actitud, pero sigue siendo natural»

E L CAMBIO FUNDAMENTAL de actitud consiste en inhalar todo lo que nos resulte indeseable y exhalar todo lo deseable. Por el contrario, la actitud predominante (epidémica) en este planeta es la de alejarnos de todo aquello que sea doloroso y aferrarnos con todas nuestras fuerzas a lo placentero.

El fundamento básico de la acción compasiva es la importancia de «trabajar con» en lugar de «luchar contra, oponerse o resistirse a». Con eso me refiero a trabajar con todo aquello que forma parte de nosotros y que nos parece inaceptable o indeseable. Así, cuando lo inaceptable o indeseable aparezca «ahí fuera», podemos relacionarnos con ello sobre la base de haber trabajado con ello previamente en nosotros mismos (de, por así decirlo, haberlo pasado por el filtro de la amorosa bondad). Sentimos en el corazón que este enfoque no-dualista apunta a la verdad porque está basado en lo que nos une y nos conecta a unos con otros. Sabemos qué decirle a otra persona que está sufriendo sin caer en la condescendencia porque ya hemos sentido por nosotros mismos lo que es cerrarse, perder la conexión con el mundo, sentirse enojado, estar dolido, tener ganas de rebelarse, etc., y ya hemos establecido una relación con estas emociones en nuestro propio interior. Este cambio de actitud no se produce de la noche a la mañana, sino que tiene lugar de forma gradual, a nuestro propio ritmo. Aspirar a dejar de resistirnos a esas partes de nosotros mismos que nos parecen inaceptables y, en lugar de eso, comenzar a inhalarlas, a respirar a través de ellas, es una actitud que nos aporta mucho más espacio. Así llegamos a conocer íntimamente cada parte de nosotros mismos sin más monstruos en el armario, sin demonios ocultos en la cueva. Tenemos cierta sensación de haber encendido las luces y de ser capaces de vernos con honestidad y con una gran compasión. Trabajar con el dolor y el placer de esta manera valiente y revolucionaria es lo que posibilita que se produzca este cambio de actitud fundamental.

49

La amorosa bondad y el tonglen

LAS COSAS QUE NOS SACAN de quicio tienen una energía enorme y por eso las tememos. Por ejemplo, pongamos por caso que eres tímido y te asusta mirar a la gente a los ojos. Mantener esa actitud requiere una gran cantidad de energía, pero es la forma que tienes de mantenerte firme, de mantenerte en pie. En la práctica del *tonglen* tienes la oportunidad de hacer completamente tuyo ese patrón sin culpar a nadie, y de airearlo y desprenderte de él por medio de la exhalación. Entonces es muy probable que tengas una mayor capacidad para comprender que cuando otras personas se muestran hoscas, ariscas o distantes contigo no es porque te odien, sino porque también son tímidas. Como vemos, el *tonglen* es una práctica cuyo objetivo es ayudarnos a hacer las paces con nosotros mismos, así como fomentar la compasión por los demás.

Al practicar *tonglen* desarrollamos una mayor empatía por los demás, empezamos a entenderlos mejor. Nuestro propio dolor es un primer paso, un primer peldaño en el que el corazón se expande. Todo comienza con la creación de un espacio en el que poder relacionarnos directamente con algún sufrimiento específico, ya sea nuestro o de alguien más. Después ampliamos la práctica para comprender que el sufrimiento es universal, que es algo que nos es común y que todos compartimos. Para evitar caer en la condescendencia al practicar *tonglen* para esa otra persona que se siente tan angustiada o confundida recuerda que el motivo por el que esta práctica fomenta la compasión es que ya hemos estado en su piel, que ya hemos estado en su lugar, que ya nos hemos sentido enfadados, iracundos, celosos, solos. Cuando nos duele algo, nos comportamos de formas extrañas; si nos sentimos solos, pronunciamos palabras crueles; si queremos que alguien nos quiera, lo insultamos. Sin embargo, comenzamos a intercambiar los papeles y ponernos en el lugar del otro (es decir, a practicar *tonglen*) cuando somos capaces de comprender la situación en la que se encuentra porque nosotros mismos ya hemos estado en ella. No es algo que suceda porque seamos mejores que ellos, sino porque hay cosas que todos los seres humanos compartimos. Cuanto mejor nos conozcamos a nosotros mismos, mayor será también nuestra capacidad para entender a los demás.

50

Máxima: «Si puedes practicar incluso cuando estás distraído, estás bien entrenado»

E N ESOS MOMENTOS en los que perdemos pie es posible que repentinamente nos acordemos de la máxima «Si puedes practicar incluso cuando estás distraído, estás bien entrenado». Si somos capaces de practicar cuando nos sentimos resentidos o celosos, cuando tenemos una actitud de desdén o cuando nos odiamos a nosotros mismos, entonces eso quiere decir que estamos bien entrenados. Como ya hemos dicho, practicar significa no seguir fortaleciendo los patrones habituales que nos mantienen atrapados, hacer todo lo que esté en nuestra mano para sacudirnos de encima y ventilar todas nuestras autojustificaciones y nuestras culpas. Hacemos todo lo posible por mantenernos presentes con esas energías tan intensas sin reprimirlas ni actuar dejándonos llevar por ellas. Al obrar de este modo, nuestros hábitos se vuelven más porosos, más permeables.

Está claro que nuestros patrones de conducta habituales están profundamente arraigados y establecidos; nos resultan muy seductores y reconfortantes, por lo que el simple hecho de desear que se disipen no es suficiente. La clave para conseguirlo está en mantener una atención plena y consciente. ¿Nos cuestionamos la validez de las historias que nos contamos cuando somos conscientes de ellas? Cuando nos distrae alguna emoción intensa, ¿recordamos que forma parte de nuestro camino? ¿Podemos sentir la emoción y llevarla al corazón por medio de la respiración, tanto por nuestro propio bien como por el de todos los demás? Si somos capaces de acordarnos de experimentar las cosas de este modo, incluso aunque solo sea de forma ocasional, entonces nos estaremos ejercitando como auténticos guerreros. También nos adiestramos en esta vía si no somos capaces de practicar cuando algo nos distrae pero *somos conscientes* de ese hecho, cuando nos damos cuenta claramente de nuestra incapacidad. Nunca subestimes el poder que tiene reconocer compasivamente aquello que esté sucediendo.

51
Profundizar en el tonglen

E N EL *TONGLEN*, después de haber conectado de un modo genuino con tu dolor y tu habilidad para abrirte y soltar, puedes llevar la práctica un paso más allá y realizarla por el bien de todos los seres sintientes. Se trata de un aspecto esencial de esta práctica: tu propia experiencia del placer y el dolor se convierte en la forma en que reconoces la profunda relación que te conecta con todos los seres sintientes. La práctica del *tonglen* es la forma en la que puedes ser partícipe de todas las alegrías y las tristezas de todos los que han vivido, todos los que viven ahora y todos los que vivirán en el futuro.

Cualquier sentimiento o sensación desagradable se convierte en algo que puedes utilizar: «Me siento muy infeliz y desgraciado, estoy deprimido... Muy bien. Voy a sentirlo plenamente para que nadie más tenga que sentirlo, para que los demás puedan estar libres de esta angustia». Esta actitud va despertando tu corazón porque albergas la aspiración de afirmar: «Este dolor que siento puede ser beneficioso para los demás porque soy lo suficientemente valiente como para sentirlo de un modo tan total y completo que nadie más tenga que volver a hacerlo». La alegría que sientes, la sensación de ser plenamente capaz de abrirte y de soltarlo todo, también se convierte en una forma de conectar con los demás. En la exhalación, recita estas palabras: «Permítaseme dar, regalar, ofrecer todo lo bueno, todo lo verdadero que yo haya podido sentir en mi vida, todo sentido del humor, toda sensación de estar disfrutando al contemplar cómo el sol sale y se pone en su sempiterno recorrido, cualquier sentido de gozo, dicha o deleite que el mundo me haya producido, para que de este modo todos los demás puedan también ser partícipes de todo esto y sean capaces de sentirlo».

Si estamos dispuestos, aunque no sea más que durante un segundo al día, a albergar la aspiración de utilizar nuestro propio dolor y placer para ayudar a los demás, esta actitud hará por sí misma que cada vez seamos más capaces de albergarla.

Podemos llevar a cabo esta práctica en cualquier situación. Comienza contigo mismo. Puedes extender la práctica a situaciones en las que surja espontáneamente la compasión, intercambiándote por alguna otra persona a la que quieras ayudar. Después puedes intentar hacerlo en situaciones más difíciles o comprometidas, aquellas en las que la compasión no tiene por qué ser necesariamente tu primera respuesta.

52
El bote vacío

H AY UN RELATO ZEN que cuenta la historia de un hombre que estaba pescando tranquilamente en el río al atardecer cuando divisó otro bote que iba corriente abajo y se estaba acercando. En un primer momento, le pareció fantástico que hubiese alguien más disfrutando del río en aquella agradable tarde de verano, pero no tardó en darse cuenta de que el bote iba directo hacia él cada vez más y más rápido, así que empezó a gritar: «¡Eh! ¡Eh! ¡Cuidado! ¡Por el amor de Dios, vira a un lado!». Pero el barco no se detiene y va derecho hacia él, cada vez a más velocidad. A estas alturas el hombre ya está de pie en su embarcación, dando gritos, agitando los brazos con los puños cerrados, cuando el otro bote se estrella contra él. En ese momento se da cuenta de que el bote está vacío.

Esta metáfora representa la situación clásica en la que nosotros mismos nos encontramos durante toda la vida; hay muchos botes vacíos por ahí, y nosotros siempre estamos gritándoles, agitando los brazos contra ellos y mostrándoles nuestros puños. Pero en lugar de eso podríamos emplear estas «embarcaciones» que se dirigen hacia nosotros para detener nuestra mente. Incluso si tan solo la detenemos por una milésima de segundo, podemos descansar en ese diminuto paréntesis. Cuando veamos que nuestra historia personal vuelve a activarse, podemos llevar a cabo la práctica de ponernos en el lugar de los demás, de intercambiarnos con los otros. De este modo, todo aquello con lo que nos encontremos tiene el potencial de ayudarnos a cultivar la compasión y reconectarnos con ese aspecto de amplitud y espaciosidad de nuestra mente.

53

Los tres venenos

E N LAS ENSEÑANZAS budistas, todo ese revoltijo de emocio-nes caóticas y confusas con el que solemos cargar se de-nomina *klesha*, que significa «veneno». Hay tres venenos prin-cipales: la pasión, la agresión y la ignorancia. Podemos referirnos a ellos de diferentes maneras. Por ejemplo, también podríamos llamarlos deseo, aversión y total indiferencia. To-das las adicciones, sean del tipo que sean, entran en la catego-ría del deseo, que es querer más y más, sentir constantemente que aún tenemos que alcanzar alguna clase de resolución. La aversión engloba aspectos como la violencia, la rabia, el odio y toda clase de negatividad, así como los habituales senti-mientos de enojo e irritación. ¿Y la ignorancia? Por lo general hoy en día se la conoce como negación.

Los tres venenos siempre nos atrapan de un modo u otro, nos aprisionan y hacen que nuestro mundo se vuelva real-mente estrecho y limitado. Cuando sentimos estas ansias, este deseo incesante, muy bien podríamos estar sentados al borde mismo del Gran Cañón y no ser capaces de pensar más que en ese trozo de chocolate que tanto nos apetece. Si en lugar de deseo se trata de aversión, estaríamos sentados en el borde del Gran Cañón y solo seríamos capaces de escuchar esas palabras airadas que le dirigimos a alguien diez años atrás. Por último, en el caso de la ignorancia, sería como si estuviésemos ahí sentados con una bolsa de papel puesta sobre la cabeza. Cada uno de estos tres venenos tiene la capacidad de apoderarse de nosotros de un modo tan total y completo que ni tan siquiera somos capaces de percibir lo que tenemos justo en frente.

Aquí, la instrucción esencial es que, independientemente de lo que estemos haciendo, no intentemos hacer que el veneno desaparezca, pues al esforzarnos por procurar que desaparezca es posible que consigamos librarnos de nuestra neurosis, pero también nos quedaremos sin toda una serie de valiosísimos recursos. La ironía de todo esto es que aquello que con más fuerza queremos evitar en la vida resulta crucial para despertar la *bodhichitta*. Es precisamente en todas estas emociones tan jugosas donde un guerrero gana en sabiduría y compasión. Por supuesto, siempre vamos a querer librarnos de ellas más que permanecer en ellas, y por eso la entereza y tener compasión hacia uno mismo son factores tan importantes. Sin la presencia de la amorosa bondad, quedarse con el dolor no es más que permanecer en guerra.

54

Practica tonglen *donde estés*

HACER *TONGLEN* A LO LARGO del día puede parecernos más natural que hacerlo únicamente cuando estamos sentados en el cojín de meditación. Por un lado, nunca nos falta la materia prima, los temas sobre los que trabajar, pues la práctica basada en la vida diaria nunca es abstracta. Tan pronto como surgen emociones incómodas, nos entrenamos para llevarlas a nuestro interior por medio de la respiración y soltar toda historia personal. Al mismo tiempo, hacemos que nuestro interés y nuestros pensamientos incluyan también a otras personas que sienten el mismo desasosiego e inhalamos con el deseo de que todos podamos llegar a estar libres de esta clase particular de confusión. Luego, al exhalar, enviamos tanto a nosotros mismos como a los demás cualquier clase de alivio o desahogo que pensemos que puede ayudar. También practicamos de este modo cuando nos encontramos con animales y personas que están padeciendo algún tipo de dolor. Podemos intentar llevar a cabo esta práctica siempre que se presenten situaciones o sentimientos difíciles. Con el tiempo, se irá volviendo más automática.

También resulta de gran utilidad ser conscientes de todo aquello que nos hace felices en nuestra vida diaria. Tan pronto como nos demos cuenta de ello, podemos pensar en enviar esta felicidad a los demás, cultivando así aún más la actitud propia del *tonglen*. Como guerreros-*bodhisattvas*, cuanto más nos entrenemos en el cultivo de esta actitud, mayor será el acceso que tendremos a nuestra propia capacidad de sentir alegría, gozo y ecuanimidad. Gracias a nuestra valentía y a nuestra voluntad de ejercitarnos en la práctica, somos más capaces de experimentar la bondad básica tanto en nosotros mismos como en los demás. También se incrementa nuestra capacidad para apreciar el potencial que reside en todo tipo de personas, tanto en aquellas que nos parecen agradables como en aquellas otras hacia quienes sentimos aversión, o incluso en quienes ni tan siquiera conocemos. De este modo, el *tonglen* comienza a airear nuestros prejuicios y nos introduce en un mundo mucho más sensible y abierto.

55

Comienza justo donde estás
(una y otra vez)

E S MUY IMPORTANTE que comiences justo donde estés, tal y como sean ahora las cosas para ti. La práctica del *tonglen* (y, en realidad, cualquier práctica meditativa) nunca tiene que ver con algún momento futuro en el que llegues a tener todas las respuestas y convertirte en una persona realmente respetable. No. Puede que seas la persona más violenta del mundo, y en ese caso ese será un buen lugar para comenzar, un lugar muy rico, jugoso, lleno de olores y matices. Puede que seas la persona más deprimida, más adicta o celosa del mundo. Puede que pienses que no hay nadie sobre la faz de la tierra que se odie a sí mismo más que tú. Todas estas situaciones, todas estas características, son un buen lugar desde el que comenzar. Justo donde estás, tal y como eres: ese es el lugar desde el que comenzar.

Todo lo que hagas por ti mismo (cualquier gesto de bondad, de amabilidad, de honestidad y de visión clara hacia ti mismo) afectará también a la forma en que experimentas tu mundo. De hecho, no solo afectará sino que transformará profundamente el modo en que experimentas el mundo. Lo que haces por ti mismo lo haces también por los demás, y lo que haces por los demás lo haces también por ti mismo. Cuando te pones en el lugar de los demás mediante la práctica del *tonglen* crece la incertidumbre respecto a qué partes están «ahí fuera», y cuáles, «aquí dentro».

56

Siente la vida

UNA MUJER CORRE desesperada huyendo de unos tigres. Corre y corre con todas sus fuerzas, pero los tigres cada vez están más cerca de ella. De pronto, llega al borde de un acantilado y ve una vid, así que desciende trepando por ella y se queda ahí agarrada. Entonces mira hacia abajo y se da cuenta de que también hay tigres en el fondo del acantilado. Al mismo tiempo, se percata de que un ratoncito está royendo la rama a la que se aferra, y también ve un hermoso y pequeño racimo de fresas que emerge de una mata de hierba cercana. Mira hacia arriba, hacia abajo, al ratón... y decide coger una fresa, metérsela en la boca con cuidado y disfrutar su sabor plenamente.

Tigres por encima, tigres por debajo: esa es la situación en la que siempre nos encontramos. Hemos nacido y tarde o temprano moriremos. Cada momento es tan solo lo que es. El resentimiento, la amargura y el rencor nos impiden ver, oír, saborear y deleitarnos con lo que sea que estemos sintiendo. Este puede ser el único momento de nuestra vida, esta puede ser la única fresa que volvamos a comer nunca, así que tenemos dos opciones: sentirnos amargados y deprimidos ante esta situación o comenzar por fin a apreciarla y valorarla. Podríamos deleitarnos y disfrutar de una manera plena y total de lo absolutamente único y precioso que es cada instante.

57

Ver las cosas tal y como son

AFERRARNOS A LAS CREENCIAS limita el modo en el que experimentamos la vida. Eso no significa que las creencias, las opiniones o las ideas sean un problema; lo que causa los problemas es esa actitud obstinada de querer que las cosas sean de una determinada manera, el aferrarnos tan férreamente a nuestras creencias y opiniones. Cuando usamos nuestro sistema de creencias de esta manera lo que estamos haciendo en realidad es crear una situación en la que elegimos permanecer ciegos en lugar de ver, permanecer sordos en lugar de escuchar, estar muertos en lugar de vivos, dormidos en lugar de despiertos.

Si sientes el deseo de llevar una vida buena, plena, sin restricciones, aventurera, real, hay una instrucción concreta que puedes seguir: ver las cosas tal y como son. Siempre que te caces a ti mismo aferrándote firmemente a tus creencias o pensamientos, limítate simplemente a observarlos por lo que son. No etiquetes tu creencia como correcta o incorrecta, tan solo reconócela, obsérvala claramente sin juzgarla y deja que pase. Vuelve al momento presente. Puedes adoptar esta actitud ahora mismo y mantenerla hasta el momento de tu muerte.

58
El Buda

Cuando alguien decide convertirse en budista participa en una ceremonia oficial en la que toma refugio en las Tres joyas: el Buda, el *dharma* y la *sangha*. Siempre he pensado que suena bastante teísta, dualista y dependiente «tomar refugio» en algo, sin embargo, la idea fundamental que subyace en el hecho de refugiarnos es que entre el nacimiento y la muerte estamos solos. Por lo tanto, refugiarse en las Tres joyas no significa buscar consuelo en ellas, sino que es más bien una expresión básica de nuestra aspiración de saltar fuera del nido (tanto si nos sentimos preparados para ello como si no), pasar por los ritos de pubertad y convertirnos en adultos que no necesitan ir de la mano de nadie. Tomar refugio es la forma en la que comenzamos a cultivar la apertura y la bondad que nos permiten ser cada vez menos dependientes.

El Buda es «el que ha despertado», y nosotros también somos budas; también somos «el Despierto», aquel que continuamente está saltando fuera del nido, abandonando su zona de confort, abriéndose, yendo hacia delante y avanzando. Ser un buda no es fácil, pues es algo que viene acompañado de miedo, resentimiento y duda, pero aprendiendo a lanzarnos al espacio abierto (incluso con nuestros miedos, con nuestros resentimientos y nuestras dudas) es como nos convertimos en seres completamente humanos. No existe ninguna separación entre el *samsara* y el *nirvana*, o como lo expresan las enseñanzas de Shambhala, entre «la tristeza y la amargura del tenue sol del poniente y la exaltación y el poderío del gran sol del levante». A ambos los podemos acoger en nuestro corazón, y ese es precisamente el propósito de esta práctica.

Tomar refugio en el Buda significa que estamos dispuestos a dedicar nuestra vida a reconectar con ese estado en el que estamos continuamente despiertos. Cada vez que nos encontramos en alguna de las típicas situaciones de las que intentamos escapar y sentimos que, en lugar de eso, preferimos tomar refugio, estamos despojándonos de una parte de nuestra armadura, estamos deshaciendo todas esas cosas que sepultan nuestra sabiduría, nuestra sensibilidad y afabilidad, nuestra esencia despierta. No estaremos tratando de ser algo que no somos, sino más bien reconectando con lo que somos. Así que cuando decimos «Tomo refugio en el Buda» significa que nos refugiamos en el valor, en el coraje y en nuestro potencial para estar libres de miedo, para despojarnos de toda esa armadura que eclipsa este estado despierto nuestro. «Estoy despierto. Estoy dispuesto a dedicar el resto de mi vida a desprenderme de esta armadura. Nadie más puede quitármela porque solo yo sé dónde se encuentran todas esas pequeñas cerraduras que han de ser abiertas, solo yo sé qué zonas o qué aspectos están fuertemente cosidos y amarrados, cuáles son los nudos de hierro que van a requerir una gran cantidad de trabajo para ser deshechos». Tienes que hacerlo solo. La instrucción básica es simple: comienza a quitarte esa armadura. Eso es lo único que los demás pueden aconsejarte. Nadie puede decirte cómo hacerlo porque tú eres el único que sabe cómo te encerraste ahí en un primer momento.

59
Permanecer en el ahora

É<small>RASE UNA DAMA</small> arrogante y orgullosa que albergaba la firme determinación de alcanzar la iluminación, así que preguntó a todas las autoridades competentes en la materia cómo podía hacerlo. La respuesta que obtuvo fue: «Bueno, si subes a la cima de esta montaña tan alta, encontrarás una cueva, y, sentada en su interior, verás a una anciana muy sabia que podrá decirte lo que tienes que hacer».

Después de pasar por todas clase de penalidades y dificultades, la dama por fin consiguió dar con esa cueva. Y sí, efectivamente, allí sentada había una apacible anciana vestida de blanco y con aspecto espiritual que, al verla, le dedicó una beatífica sonrisa. Anonadada y llena de asombro y respeto, la dama se postró a sus pies y le expresó su deseo:

—Quiero alcanzar la iluminación. Muéstrame cómo hacerlo.

La mujer sabia la miró y le preguntó con dulzura:

—¿Estás segura de que quieres alcanzar la iluminación?

A lo que la dama respondió:

—Por supuesto que estoy segura.

Entonces la sonriente mujer se transformó en un demonio, se levantó blandiendo un gran bastón y comenzó a perseguirla gritando:

—¡Ahora! ¡Ahora! ¡Ahora!

Durante el resto de su vida, esa dama no pudo librarse jamás de aquel demonio que le repetía constantemente «¡Ahora!».

La clave es esa: el ahora. Mediante el *mindfulness* nos entrenamos para estar plenamente vivos y despiertos, para tener una curiosidad absoluta por el ahora. La exhalación es ahora, la inhalación es ahora, despertar de nuestras fantasías es ahora, e incluso las fantasías son ahora. Cuanto más completamente puedas estar en el ahora, más consciente serás de que siempre estás anclado en el centro mismo de un círculo sagrado. No es un hecho menor: hagas lo que hagas, ya sea que te estés cepillando los dientes, esperando a que se enfríe la comida o limpiándote el trasero, siempre lo haces ahora.

60

El corazón de la vida cotidiana

EL BUDA DIJO que nunca estamos separados de la iluminación. Incluso en los momentos en que nos sentimos más estancados, nunca nos alejamos del estado despierto, nunca nos es ajeno, y esta es una afirmación verdaderamente revolucionaria, pues significa que incluso personas comunes y corrientes como nosotros, con nuestras deficiencias, complejos y confusiones, contamos con esta mente iluminada a la que llamamos *bodhichitta*. Una analogía para la *bodhichitta* sería la crudeza y la vulnerabilidad de un corazón roto. Es lo que nos une y nos vincula con todos aquellos que alguna vez han amado. Este genuino corazón de tristeza, pesadumbre y melancolía nos puede enseñar mucho sobre la compasión; puede hacer que seamos más humildes cuando nos mostramos arrogantes y más tiernos y sensibles cuando nos comportamos de forma cruel y desagradable. Nos despierta cuando preferiríamos dormir y corta de cuajo nuestra indiferencia. Este continuo dolor del corazón abierto y roto en pedazos es una bendición que, una vez que la hemos aceptado plenamente, podemos compartir con todos.

De hecho, la apertura y el candor propios de la *bodhichitta* es nuestra verdadera naturaleza, nuestra auténtica condición. Incluso cuando nuestras neurosis nos parecen mucho más básicas y fundamentales que nuestra sabiduría, cuando más confundidos y desesperanzados nos sentimos, la *bodhichitta*, como si de un cielo abierto se tratase, siempre está aquí presente, y jamás se ve disminuida en lo más mínimo por las nubes que la cubren temporalmente.

La *bodhichitta* está disponible en los momentos en los que prestamos atención, cuando nos estamos ocupando cuidadosa y diligentemente de algo, como, por ejemplo, cuando nos limpiamos las gafas o nos cepillamos el pelo. Está disponible en momentos de apreciación y contemplación, como cuando nos detenemos a contemplar el cielo azul o hacemos una pausa para escuchar el repiqueteo de la lluvia. Está disponible en momentos de gratitud, como cuando recordamos alguna ocasión en la que nos trataron con amabilidad o reconocemos el valor y el coraje de otra persona. Está disponible en la música y en la danza, en el arte y la poesía. Cuando dejamos de aferrarnos a nosotros mismos y observamos el mundo que nos rodea, cuando conectamos con el dolor, con la alegría, cuando abandonamos nuestros resentimientos y nuestras quejas... En todos esos momentos, la *bodhichitta* está presente.

61
Ampliar el círculo de la compasión

R ESULTA ARRIESGADO atreverse a no excluir a nadie de nuestro corazón, a no convertir a nadie en nuestro enemigo. Cuando empezamos a vivir de este modo, nos damos cuenta de que en realidad ya no podemos definir a nadie como completamente bueno o completamente malo. La vida se vuelve mucho más distendida e informal, mucho más escurridiza que eso. Tratar de encontrar absolutos respecto a lo que está bien y lo que está mal es un truco que nos hacemos a nosotros mismos para poder sentirnos seguros y cómodos.

La acción compasiva (estar ahí para los demás, ser capaces de actuar y expresarnos de una manera que realmente comunique) comienza con ser conscientes del momento en el que empezamos a juzgarnos a nosotros mismos como buenos o malos. En ese mismo instante podríamos entender que existe una alternativa a cualquiera de esas dos posibilidades: la *bodhichitta*. Entrar en contacto con este aspecto de nuestro ser tan sumamente tierno y sensible nos ayuda a capacitarnos para abrirnos aún más a lo que sentimos, para irnos expandiendo cada vez más en lugar de cerrarnos en nosotros mismos. A medida que nos comprometemos con la práctica del *tonglen*, a medida que comenzamos a celebrar aspectos de nosotros mismos que antes nos parecían tan imposibles, descubrimos que algo cambia de forma permanente en nosotros. Nuestros antiguos patrones habituales comienzan a volverse más tenues, a suavizarse, y nosotros empezamos a ver de verdad los rostros y a escuchar de verdad las voces de la gente que se dirige a nosotros. A medida que vamos aprendiendo a tener compasión por nosotros mismos, el círculo de nuestra compasión (es decir, las cosas y las personas con las que somos capaces de trabajar, así como el modo en el que lo hacemos) se va extendiendo.

62
Inconveniencia

A MENUDO, CUANDO COMENZAMOS a recorrer la vía del guerrero, descubrimos que resulta extremadamente inconveniente. Cuando empiezas a albergar el deseo de vivir tu vida plenamente en lugar de optar por la muerte descubres que la vida es inconveniente en sí misma. El entusiasmo es un don preciso, pero, en realidad, es algo que nadie externo a ti puede darte; eres tú mismo quien ha de encontrar el camino que tenga corazón y, una vez encontrado, transitarlo de forma impecable. Al hacerlo, te encontrarás una y otra vez con los inconvenientes de tus propias tensiones, tus propios dolores de cabeza, tus propios fallos y fracasos estrepitosos, pero, si practicas y sigues adelante en este camino con entusiasmo y de todo corazón, estos inconvenientes no constituirán ningún obstáculo; no son más que una cierta textura, una energía concreta de la vida.

Y no solo eso; a veces tienes una sensación fantástica, sencillamente vas como en volandas y todo te parece perfecto, tanto que piensas «¡Lo encontré! ¡Este es el verdadero camino del corazón!», y de pronto caes de bruces y todo vuelve a ser confuso. Todo el mundo te está mirando y tú te dices a ti mismo: «Pero ¿qué ha pasado con ese camino que de veras tenía corazón? ¡Más bien parece que hay que llenarse la cara de barro para recorrerlo!». Estás comprometido de todo corazón con el viaje del guerrero, y por eso te pone a prueba, te pincha, te da codazos para sacarte del camino. Es como alguien que se estuviese riendo muy cerca de tu oreja, desafiándote así a descubrir qué hacer cuando no sabes qué hacer. Te «humilla», te hace más humilde, abre tu corazón.

63

Expandir el círculo más aún

¿D<small>E QUÉ MODO PODEMOS</small> conseguir que, en lugar de ir en aumento, en el planeta haya menos violencia y agresiones? Lleva esta pregunta a un nivel personal: «¿Cómo puedo aprender a comunicarme con alguien que me está haciendo daño o que está lastimando a otros? ¿Cómo he de comunicarme para que el espacio que media entre nosotros se abra y ambos comencemos a entrar en contacto con algún tipo de inteligencia básica que todos compartamos? ¿Cómo me comunico para que las cosas que parecen congeladas, paralizadas, inviables y eternamente agresivas empiecen a suavizarse, a distenderse, y se produzca alguna clase de intercambio compasivo?».

Comienza por mostrarte dispuesto a sentir aquello por lo que estés pasando. Ten la voluntad de establecer una relación compasiva con aquellas partes de ti mismo que sientas que no merecen existir.

Si, a través de la meditación, estás dispuesto a ser plenamente consciente no solo de aquellas cosas que te hacen sentir bien y con las que estás cómodo, sino también con aquellas otras que te resultan desagradables o te producen dolor, si incluso aspiras a mantenerte despierto y abierto a lo que sea que estés sintiendo, a identificarlo y reconocerlo lo mejor que puedas en cada momento, entonces algo comenzará a cambiar en ti.

64
¿Qué es el karma?

EL TEMA DEL KARMA no es sencillo. Básicamente significa que lo que sucede en nuestra vida de algún modo es el resultado de las cosas que hemos hecho previamente. Por eso se nos anima a gestionar lo que sea que nos esté sucediendo y trabajar con ello en lugar de culpar a los demás. Pero es fácil malinterpretar este tipo de enseñanza sobre el karma. Tendemos a adoptar una actitud que está muy fuertemente basada en el pecado o en la culpa. Sentimos que si las cosas no van bien es porque hemos hecho algo mal y estamos siendo castigados por ello, pero esa no es en absoluto la idea que encierra el concepto del karma, sino que se trata más bien de que continuamente estamos recibiendo las enseñanzas que necesitamos para abrir nuestro corazón. El regalo de la enseñanza que ahora se nos ofrece bajo la forma que adopta nuestra vida actualmente guarda una relación directa con la incapacidad que hayamos tenido en el pasado a la hora de entender cómo dejar de proteger nuestro rincón sensible, cómo dejar de encerrar nuestro corazón en una armadura. La vida nos brinda todo lo que necesitamos para aprender a abrirnos más.

65
Crecer

Es importante aprender a ser amables con nosotros mismos. Cuando ponemos la atención en nuestro propio corazón y comenzamos a descubrir en qué partes hay confusión y cuáles resplandecen, qué es amargo, y qué, dulce, no solo nos estamos encontrando a nosotros mismos, sino también al universo entero. Al descubrir el buda que somos comprendemos que todas las cosas y todas las personas también son budas; descubrimos que todos están despiertos, que todo está despierto. Todos y todo son preciosos, completos, buenos. Así es como vemos el universo cuando consideramos los pensamientos y las emociones con apertura y buena disposición.

Entonces, este abrirnos al mundo comienza a beneficiarnos simultáneamente a nosotros mismos y a los demás. Cuanto más nos relacionamos con los otros, más rápidamente descubrimos en qué partes o en qué aspectos estamos bloqueados. Ser consciente de esto es útil, pero también resulta doloroso. A veces lo usamos como munición contra nosotros mismos (somos deshonestos, nos tratamos con rudeza, somos cobardes y no nos importaría tirar la toalla inmediatamente). Pero cuando aplicamos la instrucción de mostrarnos tiernos y amables y no juzgar lo que sea que estemos percibiendo en este momento, sea lo que sea, el embarazoso reflejo que nos devuelve el espejo pasa a convertirse en nuestro amigo. Nos vamos ablandando más y más, volviéndonos más y más ligeros, pues sabemos que esta es la única forma en que podemos continuar trabajando con los demás y serle de algún beneficio al mundo. Así es como empezamos a crecer.

66

Máxima: «No esperes que te aplaudan»

ESTA MÁXIMA SIGNIFICA que no esperes que los demás te elogien ni te den las gracias. Y esto es importante porque cuando abres las puertas de tu ser y aceptas a todos los seres sintientes como invitados (y abres también las ventanas, e incluso los muros comienzan a derrumbarse) te encuentras desamparado y vulnerable en el universo, sin ninguna protección. ¡Vaya situación! Si creías que adoptando esta actitud ibas a sentirte bien contigo mismo y te iban a llover los aplausos por todas partes... Bueno, lamento decirte que eso sencillamente no va a ocurrir. Más que esperar a que te lo agradezcan, te resultaría más útil y provechoso disponerte para esperar lo inesperado, estar abierto a todo, pues así podrías mostrarte curioso e inquisitivo sobre lo que sea que entre por la puerta y llegue a tu vida. Podemos comenzar a abrir nuestro corazón a los demás cuando no albergamos ni la más mínima esperanza de recuperar nada, de recibir nada a cambio. Lo hacemos simplemente por el hecho de hacerlo, sin más.

Por otro lado, siempre es bueno que expresemos nuestra gratitud a los demás, hacerles saber que les valoramos y apreciamos, pero, si la motivación que tenemos para obrar de este modo es querer agradarles, haríamos bien en recordar esta máxima. Podemos mostrarnos agradecidos hacia los demás, pero tenemos que abandonar toda esperanza de que ellos nos agradezcan lo que nosotros hagamos. Sencillamente mantén tus puertas abiertas sin albergar expectativas.

67

Seis maneras de vivir compasivamente

HAY SEIS ACTIVIDADES tradicionales en las que se entrenan los *bodhisattvas*, seis formas de vivir compasivamente: la generosidad, la disciplina, la paciencia, la diligencia o el esfuerzo entusiasta, la meditación y el *prajna* o sabiduría incondicional. Tradicionalmente se las denomina *paramitas*, una palabra sánscrita que significa «ido a la otra orilla». Cada una de ellas es una actividad que podemos usar para trascender la aversión y el apego, para ir más allá de estar atrapados en nosotros mismos, más allá de la ilusión de separación. Cada *paramita* tiene la capacidad de llevarnos más allá de nuestro miedo a soltar, a dejar ir. Mediante su cultivo aprendemos a sentirnos cómodos con la incertidumbre. Ir a la otra orilla hace que tengamos la sensación de haber perdido pie, de haber quedado atrapados entre dos aguas, en una especie de estado intermedio.

Es fácil considerar los *paramitas* como un rígido código ético, como un mero conjunto de reglas que es necesario seguir, pero el mundo del guerrero-*bodhisattva* no es tan sencillo. El poder de estas actividades no radica en que sean una especie de mandamientos, sino en que cuestionan y ponen en tela de juicio nuestras reacciones habituales. La práctica de los *paramitas* nos va volviendo más humildes y honestos. Cuando practicamos la generosidad conocemos de un modo muy íntimo nuestros propios deseos compulsivos. Al practicar la disciplina de no causar daño nos volvemos conscientes de nuestra rigidez y nuestros deseos de control. El cultivo de la paciencia nos ayuda a establecer nuestra morada en nuestra propia agitación energética y a permitir que las cosas vayan evolucionando a su propio ritmo. Mediante la diligencia o el esfuerzo entusiasta dejamos a un lado el perfeccionismo y conectamos con los atributos que la vida adopta a cada momento. Por su parte, la meditación es el medio por el cual nos entrenamos en regresar justo aquí, al instante presente. Y la mente inquisitiva propia del *prajna* (ver las cosas tal y como son) es la clave de este entrenamiento, ya que sin *prajnaparamita*, o *bodhichitta* incondicional, podemos caer en usar las otras cinco actividades con la ilusión de estar obteniendo algo, de estar haciendo progresos o ganando terreno de algún modo.

68

Prajna

E L *PRAJNA* ES LA SABIDURÍA que atraviesa el inmenso sufrimiento que nos causa estar constantemente tratando de
proteger nuestro propio territorio. El *prajna* hace que nos resulte imposible utilizar nuestras acciones como medio para
sentirnos seguros. Convierte todas las acciones en oro. Se dice
que las otras cinco actividades trascendentes (la generosidad,
la disciplina, la diligencia, la paciencia y la meditación) pueden proporcionarnos ciertos puntos de referencia, pero el *prajna* es como una espada que lo corta todo de cuajo. Nos deja
sin hogar, sin lugar alguno en el que habitar, sin nada a lo que
poder agarraros. Gracias a esto, por fin podemos relajarnos.

A veces sentimos unas ganas tremendas de recuperar
nuestros antiguos hábitos, pero, al trabajar con la generosidad,
identificamos claramente esa nostalgia que sentimos al querer
aferrarnos a ellos. Con la disciplina nos volvemos conscientes
de nuestra añoranza por querer alejarnos de todo y no relacionarnos con nadie. Al trabajar la paciencia descubrimos nuestro anhelo de ir rápido, de acelerar. Por su parte, cuando practicamos la diligencia somos claramente conscientes de nuestra

pereza. Por último, la meditación nos capacita para discernir nuestros interminables discursos internos, nuestra inquietud e indiferencia.

Gracias al *prajna*, estas otras cinco acciones o *paramitas* se convierten en el medio por el cual podemos deshacernos de nuestras defensas. Cada vez que nos damos generosamente a los demás, cada vez que practicamos la disciplina, la paciencia o el esfuerzo diligente, es como si nos librásemos de una pesada carga. La base del *prajnaparamita* es el *mindfulness* o atención plena, una exploración o indagación abierta sobre la naturaleza de nuestra propia experiencia en la que nos indagamos y nos cuestionamos, pero sin intención de encontrar soluciones permanentes. Cultivamos una mente inquisitiva que esté siempre lista para indagar, para explorar, que nunca se dé por satisfecha con puntos de vista limitados o sesgados. Con esta mente abierta y fluida propia del *prajna* practicamos las otras *paramitas*, pasando así de la estrechez de miras a una actitud flexible en la que el miedo deja de estar presente.

69
Generosidad

L A ESENCIA DE LA GENEROSIDAD es soltar, dejar ir. El dolor siempre nos indica que nos estamos aferrando a algo, por lo general a nosotros mismos. Cuando nos sentimos infelices, cuando creemos que no damos la talla o nos sentimos incompetentes, nos cerramos, nos aferramos con fuerza a nosotros mismos. Por el contrario, la generosidad es una actividad que nos afloja y nos distiende. Al ofrecer todo lo que podemos a los demás (una moneda, una flor, una palabra de aliento) practicamos el soltar, potenciamos nuestra capacidad para dejar ir, para desprendernos.

Hay muchas formas de practicar la generosidad, pero en todas ellas lo principal no es lo que damos, sino el hecho de desbloquear nuestros hábitos de aferramiento. Una práctica tradicional consiste simplemente en ofrecer algún objeto que valoremos particularmente o al que tengamos un especial cariño. Una mujer que conozco decidió que se iba a desprender de cualquier cosa a la que estuviese aferrada dándosela a los demás. Un hombre, tras la muerte de su padre, estuvo seis meses dando dinero a los mendigos de la calle. Era su forma de afrontar y gestionar el dolor. Otra mujer practicaba visualizándose a sí misma entregando aquello que más temía perder.

La práctica del dar nos muestra en qué aspectos vamos más retrasados, dónde seguimos aferrándonos. Al principio siempre tenemos nuestros planes perfectamente establecidos, pero, tarde o temprano, la vida los echa por tierra. El verdadero desprendimiento, el verdadero soltar, evoluciona a partir de los gestos de generosidad. Nuestra perspectiva convencional comienza a modificarse, las causas de la agresión y el miedo empiezan a disolverse por sí mismas cuando somos capaces de ir más allá del aferramiento y dejamos de refrenarnos.

La aventura de la generosidad consiste en conectar con la riqueza de la *bodhichitta* de un modo tan profundo que estemos dispuestos a entregar cualquier cosa que la obstruya. Nos abrimos y nos mostramos vulnerables, nos dejamos tocar. Afianzamos nuestra confianza en esta riqueza omnipresente que en la vida cotidiana experimentamos como flexibilidad y calidez.

70
Disciplina

PARA DISOLVER LAS CAUSAS de la agresión hace falta disciplina; un tipo de disciplina suave pero precisa. Sin el *paramita* de la disciplina, sencillamente careceríamos del apoyo que necesitamos para evolucionar. A nivel externo, podríamos concebir la disciplina como una estructura, como un periodo de meditación de treinta minutos o una clase de dos horas sobre el *dharma*. Probablemente el mejor ejemplo sea la técnica de meditación: nos sentamos en una posición concreta y nos mantenemos tan fieles a la técnica como podemos. Nos limitamos a fijar la atención de un modo ligero en la exhalación una y otra vez, la mantenemos ahí, a través de los cambios de humor, de los recuerdos, los dramas, los periodos de aburrimiento... Este simple proceso repetitivo supone invitar a que esa riqueza básica penetre en nuestra vida, así que seguimos las instrucciones al pie de la letra tal como otros meditadores han hecho durante siglos.

Dentro del marco de esta estructura, procedemos con compasión. A nivel interno, la disciplina consiste en regresar a la sensibilidad, a la amabilidad, a la honestidad, al soltar, al dejar marchar. La disciplina es encontrar el equilibrio en una posición que no sea ni demasiado rígida ni demasiado laxa, ni muy estricta ni relajada en exceso.

La disciplina nos brinda el apoyo necesario para reducir el ritmo y estar lo suficientemente presentes como para poder vivir sin que nuestra vida se convierta en un desastre. Nos proporciona el estímulo necesario para dar un paso más hacia la insustancialidad, hacia ese estado en el que carecemos de un suelo firme bajo nuestros pies. Nos disciplinamos para evitar cualquier forma potencial de escape de la realidad. La disciplina nos permite estar justo aquí, justo donde estamos, y conectar con la riqueza del momento.

71

Paciencia

EL PODER DEL *PARAMITA* de la paciencia reside en que es el antídoto contra la ira, una forma de aprender a amar y mostrar interés por lo que sea que encontremos en nuestro camino. La paciencia no significa «aguantar», poner nuestra mejor sonrisa y soportar lo que nos caiga encima. Significa que, en cualquier situación, en lugar de reaccionar rápida e impulsivamente, siempre podemos pararnos a reflexionar, a sopesar la situación, a olerla, observarla, sentirla, y abrirnos a ver de verdad qué es lo que está ahí presente. Lo contrario de la paciencia es la agresión, el deseo de saltar rápidamente a lo siguiente, de empujar nuestra vida hacia delante, de forzarla, de intentar llenar con algo los espacios. El viaje de la paciencia implica relajarse, abrirse a lo que está sucediendo y conservar un cierto sentido de asombro y fascinación.

Una de las formas de practicar la paciencia es hacer *tonglen*. Cuando sentimos el impulso de hacer algún movimiento repentino, cuando empezamos a movernos a toda velocidad en la vida, cuando creemos que tenemos que ser resolutivos y competentes o cuando alguien nos levanta la voz y nos sentimos insultados y queremos devolverle el grito para equilibrar la balanza, para sacar fuera el veneno que llevamos dentro... en todas estas circunstancias, en lugar de actuar como solemos hacerlo, podemos practicar *tonglen* para todos los seres y conectar así con esa angustia o ese desasosiego básico tan característico de los seres humanos, con ese sentido de agresión tan fundamental. Entonces podemos enviar una sensación de calma y de espacio que ayuda a ralentizar aún más las cosas. Ahí, sentados o de pie, podemos ofrecer el espacio necesario para que no suceda lo que suele ocurrir habitualmente. De este modo, nuestras palabras y nuestros actos pueden ser muy diferentes, porque ahora nos hemos concedido previamente un tiempo para tocar, ver y saborear de verdad la situación.

Al ejercitarnos en el *paramita* de la paciencia, hemos de ser ante todo pacientes con nosotros mismos. Aprendemos a relajarnos en la inquietud propia de nuestra energía: la energía de la ira, del aburrimiento, de la excitación. La paciencia requiere coraje. No es un estado ideal de calma. De hecho, cuando practicamos la paciencia percibimos nuestra agitación interna con mucha mayor claridad.

72
Esfuerzo diligente

E L *PARAMITA* DEL ESFUERZO diligente está muy relacionado con la disposición alegre. Al practicar este *paramita*, al igual que los niños pequeños cuando aprenden a andar, nos ejercitamos con entusiasmo pero sin ningún objetivo concreto. Esta energía alegre e inspiradora no es una mera cuestión de suerte, sino que requiere un entrenamiento continuo en la atención plena y en la *maitri*, en la disolución de las barreras y la apertura del corazón. El entusiasmo va surgiendo a medida que aprendemos a relajarnos en la insustancialidad, en la falta de fundamento.

Mediante la práctica continua vamos descubriendo cómo cruzar la frontera que separa el atasco del despertar. Todo depende de la voluntad que tengamos de experimentar directamente esos sentimientos que hemos estado evitando durante tantos años. Esta disposición a permanecer abiertos a aquello que nos atemoriza debilita nuestros hábitos de escape y huida. Es la forma en la que el aferramiento propio del ego comienza a airearse y a desvanecerse.

Cuanto más conectemos con una perspectiva más amplia, más conectaremos también con esta energía alegre y gozosa. Esta clase de esfuerzo no consiste más que en entrar en contacto con nuestra hambre de iluminación. Nos permite actuar, dar generosamente y trabajar con lo que sea que se presente en nuestra vida mostrando una actitud apreciativa y positiva. Si realmente fuésemos conscientes de lo triste y desafortunado que ha sido convertir este planeta en un lugar en el que todos tratamos de evitar el dolor y buscar el placer (si supiésemos hasta qué punto esta actitud nos hace desdichados e infelices y nos aleja de nuestra bondad fundamental), entonces practicaríamos con tanta pasión y empeño como si nuestros cabellos estuviesen en llamas. Nadie pensaría que tiene mucho tiempo por delante y que no pasa nada por dejar esta tarea para más adelante.

Sin embargo, cuando comenzamos a ejercitarnos en el esfuerzo diligente, nos damos cuenta de que unas veces lo logramos y otras no, así que la cuestión sería qué podemos hacer para conectar con esta inspiración, cómo podemos entrar en contacto con esa chispa y esa alegría que están disponibles en todo momento.

73
Meditación

CUANDO NOS SENTAMOS a meditar dejamos atrás los conceptos del meditador o la meditación perfectos, así como cualquier resultado preconcebido. Nos ejercitamos en el simple hecho de estar presentes. Nos abrimos por completo al dolor y al placer de nuestra vida. Nos adiestramos para ser más precisos, más amables y gentiles, para tener más capacidad de soltar. Al identificar nuestros propios pensamientos y emociones y verlos de un modo compasivo, dejamos de luchar contra nosotros mismos. Aprendemos a reconocer cuándo hemos caído por completo en sus redes y a confiar en que podemos dejar ir aquello que nos aprisiona. Así, los bloqueos creados por nuestros hábitos y prejuicios empiezan a desmoronarse, y de este modo la sabiduría que estábamos obstruyendo (la sabiduría de la *bodhichitta*) pasa a estar disponible y a nuestro alcance.

La meditación posiblemente sea lo único que hacemos que no agrega nada a la escena. Cuando nos sentamos a meditar podemos entrar en contacto con algo incondicional (un estado mental, un medio básico que ni se aferra ni rechaza nada). A todo se le permite ir y venir, aparecer y desvanecerse sin más adornos. La meditación es una actividad completamente no violenta, no agresiva. El hecho de no apresurarnos a llenar el espacio con algo, de permitir que se dé la posibilidad de conectar con una apertura incondicional, constituye la base para que pueda darse un cambio real. Cuanto más nos sentamos con esta imposibilidad, más conscientes somos de que, a fin de cuentas, siempre es posible.

Cuando nos aferramos a nuestros pensamientos y recuerdos, en realidad estamos tratando de atrapar algo que por su propia naturaleza no se puede aprehender. En cambio, si contactamos levemente con esos fantasmas cuando aparecen y luego los dejamos marchar, podemos descubrir un espacio, una pausa en el parloteo mental, un destello de cielo abierto que se cuela a través de las nubes. Este es nuestro derecho de nacimiento, la sabiduría con la que hemos nacido, el vasto despliegue de la riqueza primordial, de la apertura original, de la propia sabiduría esencial. Podemos descansar en el instante que media entre un pensamiento que ya ha terminado y el siguiente pensamiento que aún no ha comenzado.

74

Deja que el mundo hable por sí mismo («No malinterpretes»)

L A MÁXIMA «NO MALINTERPRETES» significa que no tenemos que imponer nuestras nociones equivocadas sobre qué son la armonía, la compasión, la paciencia o la generosidad. No malinterpretes lo que son realmente. Una cosa es la compasión y otra la compasión idiota; una cosa es la paciencia y otra la paciencia idiota; una cosa es la generosidad y otra la generosidad idiota. Por ejemplo, la compasión o la paciencia no significan intentar calmar los ánimos o restarle importancia a todo con el fin de evitar la confrontación a toda costa. Eso es más bien lo que se entiende por control. En ese caso no estaríamos procurando entrar en territorio desconocido, encontrarnos más desnudos, desprotegidos y vulnerables (y, por consiguiente, estar más en contacto con la realidad), sino que estaríamos usando las formas idiotas de la compasión, de la paciencia, etc., para afianzarnos, para contar con un terreno firme sobre el que apoyarnos.

Cuando abres tus puertas y das la bienvenida a todos los seres sintientes como tus invitados has de deshacerte también de todo plan, de toda agenda personal. Muchos tipos de personas diferentes se cruzan en nuestro camino. Justo cuando creíamos que ya contábamos con un cierto esquema que funciona, este deja de ser válido. Quizá resultó muy práctico y beneficioso con alguien, pero cuando lo aplicas a la siguiente persona, esta te mira como si estuvieras loco, y cuando lo intentas con una tercera persona, directamente se siente insultada. Crear una fórmula no funciona, no da resultado. No sabes qué va a serte de ayuda con una persona concreta, qué es lo que va a servirte, pero en cualquier caso has de hablar y actuar con decisión y claridad, y estos factores provienen de la voluntad de ir más despacio, de reducir la marcha, de escuchar y observar de cerca lo que está sucediendo. Surgen cuando abres tu corazón y no huyes. Entonces tus actos y tus palabras concuerdan con aquello que es necesario llevar a cabo, ya sea con la otra persona o contigo mismo.

75

Meditación y prajna

COMO SERES HUMANOS no solo buscamos alcanzar alguna clase de resolución, sino que además sentimos que es algo que merecemos. Sin embargo, lo cierto es que no solo no la merecemos, sino que además nos hace sufrir. Merecemos algo mejor que alcanzar una resolución: merecemos lo que nos pertenece por derecho, que es *prajna*, un estado mental abierto en el que las paradojas y las ambigüedades no nos impiden relajarnos.

El *prajna* es la expresión pura y sin filtro que se da al tener los ojos, los oídos y la mente bien abiertos; una expresión que se encuentra en todo ser vivo. No es algo definido y concreto que pueda ser sintetizado o medido, sino que se trata de un proceso fluido.

El *prajnaparamita* es nuestra experiencia humana. No se considera como un estado mental particularmente pacífico ni alterado; es un estado de inteligencia básica abierto, inquisitivo e imparcial. En realidad lo importante no es la forma en la que se dé (ya sea curiosidad, desconcierto, conmoción, relajación, etc.). Nos ejercitamos cuando nos pillan con la guardia baja, cuando nada es seguro y nuestra vida está en el aire.

La meditación nos proporciona una forma de entrenarnos en el *prajna*, es decir, en permanecer abiertos justo donde estamos. Como decía Trungpa Rimpoché, «practicamos no tener miedo de ser tontos». Cultivamos una relación simple y directa con nuestro ser, sin filosofar, sin moralinas, sin juicios. Cualquier cosa que surja en nuestra mente es adecuada para trabajar con ella.

Es como estar tumbado en la cama antes del amanecer y escuchar el repiqueteo de la lluvia en el tejado; si teníamos pensado ir de picnic, este simple sonido puede resultarnos desalentador; por el contrario, si nuestro jardín estaba muy seco y pedía a gritos que lo regasen, puede parecernos un sonido sumamente placentero y agradable. En cambio, la mentalidad flexible propia del *prajna* no saca conclusiones, no establece que algo sea bueno o malo, sino que se limita a percibir el sonido sin agregar nada extra, sin juicios, sin añadir ningún componente de alegría o tristeza.

76
Proponte permanecer abierto

A L COMENZAR EL DÍA, dite a ti mismo algunas palabras para alentarte a mantener abierto tu corazón, para exhortarte a permanecer curioso independientemente de lo difíciles que se pongan las cosas. Luego, al final de la jornada, cuando estés a punto de irte a dormir, repasa mentalmente cómo ha ido el día. Puede que en ese momento te des cuenta de que no te has acordado ni una sola vez en todo el día de la aspiración de la mañana, pero en lugar de usar ese olvido como gasolina para sentirte mal contigo mismo, tómalo como una oportunidad para conocerte mejor. Úsalo para ser consciente de todas las curiosas formas en las que te engañas a ti mismo, todas las argucias que empleas para aislarte y cerrarte y que tan bien se te dan. Si no quieres seguir haciendo las prácticas de la *bodhichitta* porque crees que estás abocado al fracaso, procura generar una actitud bondadosa hacia ti mismo. Reflexionar sobre las actividades de un único día puede resultar doloroso, pero es posible que al final esto te ayude a respetarte más a ti mismo. Te hará ser consciente de que a lo largo del día se producen muchos cambios, que nunca somos de una manera determinada. Cuanto más dispuesto estés a abrir tu corazón, más dificultades aparecerán.

77

Máxima: «Abandona toda esperanza de progreso»

L A PROPIA IDEA DE «progreso» implica que en algún momento futuro te sentirás bien. Una de las enseñanzas budistas más poderosas es la que establece que, mientras sigamos deseando que las cosas cambien, estas nunca lo harán. Mientras sigas queriendo ser mejor de lo que eres, nunca lo serás. Mientras estés orientado hacia el futuro, nunca podrás limitarte a relajarte simplemente en lo que ya tienes o en lo que ya eres.

Uno de los patrones habituales que más profundamente arraigado está en nosotros es la constante sensación de que el momento presente no es lo suficientemente bueno. Recordamos el pasado (que puede haber sido mejor que el presente, o tal vez peor) con mucha frecuencia. También solemos anticiparnos bastante en el futuro, siempre con la esperanza de que, cuando llegue, las cosas sean un poco mejor a como son ahora. Incluso si las cosas nos están yendo realmente bien en este momento, por lo general nunca concedemos un crédito total a lo que somos en el presente.

Por ejemplo, es fácil esperar que las cosas mejoren como resultado de la meditación, creer que ya no tendremos tan mal genio, que dejaremos de tener miedo o que a la gente le gustaremos más de lo que le gustamos ahora. O tal vez pensemos que así conectaremos plenamente con ese mundo despierto, sagrado y resplandeciente que esperamos encontrar. Usamos la práctica para reforzar la suposición de que con tan solo hacer lo correcto comenzaremos a conectar con un mundo más grande, más amplio, más vasto, un mundo diferente a aquel en el que nos encontramos ahora.

En lugar de buscar el progreso, la mejoría y el perfeccionamiento, podrías limitarte simplemente a intentar permanecer con el corazón y la mente abiertos. Esta actitud está mucho más orientada hacia el presente. Al entrar en esta clase de relación incondicional con nosotros mismos podemos empezar a conectar con esa cualidad despierta que ya se encuentra en nosotros.

Justo ahora, en este preciso instante (con la altura, el peso, la inteligencia y la carga de dolor que tengas ahora), ¿eres capaz de establecer una relación incondicional contigo mismo? ¿Puedes empezar a relacionarte incondicionalmente con todo eso?

78
Soledad serena

L A SOLEDAD SERENA nos permite observar honestamente y sin agresión nuestra propia mente. Gracias a ella podemos abandonar de forma gradual nuestras ideas sobre quién creemos que queremos ser, quién deberíamos ser o quién creemos que los demás piensan que queremos o deberíamos ser. Abandonamos todas esas complicaciones y nos limitamos a ver directamente, con actitud distendida y compasión, a la persona que somos. De este modo, la soledad deja de ser una amenaza, una angustia, un castigo.

Esta soledad calma y serena no nos va a proporcionar ninguna respuesta ni va a poner un suelo sobre nuestros pies que nos haga sentir a salvo, seguros y protegidos; más bien nos reta a adentrarnos en un mundo en el que no existen puntos de referencia, en el que las cosas no se polarizan ni se solidifican. A esto se le llama la Vía media, que no es más que otro modo de referirse al camino del guerrero-*bodhisattva*.

Cuando te levantas por la mañana y de la nada aparece la angustia de la alienación y la soledad, ¿serías capaz de usar este sentimiento como una oportunidad de oro? Justo ahí, en el preciso instante en el que sientes esa tristeza y ese anhelo, ¿podrías relajarte y entrar en contacto con el espacio ilimitado del corazón humano, en lugar de perseguirte a ti mismo o sentir que algo terriblemente malo está sucediendo? Experimenta con esto la próxima vez que tengas ocasión.

79

Máxima: «Practica las tres dificultades»

Las TRES DIFICULTADES SON «reconocer la neurosis como neurosis», «hacer algo diferente» y «aspirar a seguir practicando de esta manera».

El primer paso (y el más difícil) consiste en reconocer lo absolutamente agitado, revuelto y turbulento que es nuestro estado interno. Si no reconocemos que estamos atrapados, no tendremos posibilidad alguna de liberarnos de la confusión en la que estamos sumidos. «Hacer algo diferente» se refiere a emprender alguna acción que interrumpa nuestra fuerte tendencia a salirnos de nuestro centro. Podemos soltar nuestra historia personal y conectar con la energía subyacente, hacer *tonglen* justo ahí, en el lugar en el que nos encontremos, recordar alguna máxima o empezar a cantar una canción; cualquier cosa que no refuerce nuestros hábitos paralizantes. Llegados a ese punto, la tercera práctica difícil es recordar que debemos seguir llevando a cabo las dos primeras. Interrumpir nuestros hábitos destructivos y despertar nuestro corazón es el trabajo de toda una vida.

En esencia, la práctica es siempre la misma: en lugar de caer presa de una reacción en cadena de venganza u odio hacia nosotros mismos, vamos aprendiendo de forma gradual a ser conscientes de la reacción emocional y a desprendernos de toda historia personal. Entonces podemos percibir plenamente las sensaciones corporales. Una forma de hacerlo es llevarlas a nuestro corazón por medio de la inhalación. Al reconocer la emoción, dejar de lado cualquier historia que nos contamos a nosotros mismos sobre ella y sentir la energía del momento, estamos cultivando la *maitri* y la compasión hacia nosotros mismos, y eso nos capacita para reconocer que hay millones de personas que sienten lo mismo que nosotros. Entonces podemos inhalar la emoción con el deseo de que todos podamos liberarnos de la confusión y de nuestras limitantes reacciones habituales. Cuando somos capaces de reconocer nuestra propia confusión con compasión, podemos extender esa compasión a otras personas que se sienten igualmente confusas y perdidas. En este paso en el que ampliamos el círculo de la compasión es donde se encuentra la magia de la práctica de la *bodhichitta*.

80
Comunicarnos desde el corazón

TENEMOS UNA FUERTE tendencia a distanciarnos de nuestra experiencia porque nos resulta dolorosa, pero el *dharma* nos alienta a acercarnos a ella. Hay muchas palabras que podrían usarse para explicar lo que es la acción compasiva, pero a mí me gustaría enfatizar el término *comunicación* y, en particular, la comunicación desde el corazón.

Todas las actividades que llevamos a cabo deberían conllevar la intención de comunicar. Es una sugerencia eminentemente práctica: deberíamos realizar todas nuestras actividades con la clara intención de dirigirnos a la otra persona de un modo en el que pueda entendernos, en lugar de emplear palabras que tan solo consiguen levantar muros cada vez más altos y que el otro deje de escucharnos. En este proceso también aprendemos cómo escuchar y cómo mirar. Puedes ejercitarte en hacer que tus acciones, tus palabras y tus pensamientos sean inseparables de este anhelo de comunicar desde el corazón. Todo lo que dices puede polarizar aún más la situación y convencerte de lo absolutamente separado que estás, pero, por otro lado, también está la posibilidad de que todo lo que digas, hagas o pienses respalde tu deseo de comunicarte, de acercarte y abandonar el mito del aislamiento y la separación en el que todos estamos atrapados.

Asumir este tipo de responsabilidad es otra forma de hablar sobre el despertar de la *bodhichitta*, pues la capacidad de percibir las cosas con gran claridad forma parte del hecho de volvernos responsables. La amabilidad es otro factor que está presente en el hecho de asumir la responsabilidad, así como el no juzgarnos a nosotros mismos, sino vernos con honestidad y ternura. La *bodhichitta* también refuerza la capacidad de seguir adelante; siempre puedes seguir tu camino, no tienes por qué quedarte atrapado o encasillado en tu identidad como perdedor o ganador, como abusador o abusado, como el bueno o el malo de la película; simplemente ves lo que haces con la mayor claridad y compasión que te sea posible y luego sigues adelante. El momento siguiente siempre está abierto, siempre es nuevo, fresco.

81

La gran opresión

SI QUEREMOS COMUNICARNOS bien y sentimos una fuerte aspiración por ayudar a los demás (en el sentido de involucrarnos y participar en la acción social, ayudar a nuestra familia o a nuestra comunidad, o simplemente estar presentes
para los demás cuando nos necesiten), entonces es seguro que
tarde o temprano experimentaremos lo que yo denomino *la
gran opresión*. Nuestros ideales no coinciden con la realidad
de lo que está sucediendo. Nos sentimos como si estuviésemos atrapados entre los dedos de un gran gigante que nos
aprieta y nos constriñe. Sentimos que estamos entre la espada
y la pared.

A menudo existe una gran discrepancia entre lo que refle-
jan nuestros ideales y lo que realmente nos encontramos. Por
ejemplo, al criar a nuestros hijos tenemos un montón de buenos propósitos, pero a veces es muy complicado hacer coinci-
dir dichos propósitos con el modo en el que se comportan los
niños, así que ahí están, en la mesa de la cocina con todo el
desayuno desparramado por encima… O, por ejemplo, durante la meditación, ¿te has dado cuenta de lo difícil que resulta

sentir emociones sin verse completamente arrastrado por ellas, o lo complicado que es simplemente cultivar una actitud afable y amistosa hacia nosotros mismos cuando nos sentimos abatidos y desdichados, asustados o atrapados?

Nuestra inspiración suele ser muy diferente a la situación tal como realmente se presenta, y es la fricción que se crea entre esos dos aspectos (la compresión que se genera entre nuestra visión y la realidad) la que nos hace crecer y madurar, la que nos hace despertar para ser honestos, para vivir y ser todo lo compasivos que podamos. Esta circunstancia (es decir, sufrir «la gran opresión») es una de las situaciones más productivas dentro del camino espiritual y, en particular, en este viaje del despertar del corazón.

82

La curiosidad y el círculo de la compasión

La tendencia que tenemos a centrarnos en nosotros mismos, a tratar de protegernos, es muy intensa y constante. Una forma sencilla de darle la vuelta es desarrollar la curiosidad y el interés por todo. Esta es otra manera de hablar sobre ayudar a los demás, pero, por supuesto, en este proceso nosotros también nos vemos beneficiados. Trabajamos sobre nosotros mismos con el fin de poder ayudar a otros, pero también al contrario: ayudamos a los demás para mejorarnos a nosotros mismos. Lo esencial de este método es desarrollar la curiosidad, observar las cosas con atención e interesarnos por todos los detalles de nuestra vida y de nuestro entorno inmediato.

Cuando nos encontramos en una situación en la que alguien nos incomoda, nos hace enfadar o nos saca de quicio, siempre podemos elegir entre, por un lado, reprimir nuestros sentimientos o dejarnos llevar y actuar en función de ellos o, por otro, aprovechar las circunstancias para practicar. Si somos capaces de empezar a practicar *tonglen* justo ahí, en ese mismo instante, de inspirar con la clara intención de mantener el corazón abierto ante la ofuscación, el miedo o la ira que sentimos, entonces, para nuestra sorpresa, descubriremos que también nos abrimos a lo que la otra persona esté sintiendo. Abrir el corazón es precisamente eso, abrir el corazón, y, una vez que lo abres, tus ojos y tu mente también están abiertos y puedes ver en los rostros y en los corazones de las demás personas lo que de verdad están sintiendo. Si, por ejemplo, vas caminando por la calle y lejos, en la distancia, tan lejos que no te es posible hacer nada al respecto, ves a un hombre golpeando a su perro, siempre puedes hacer *tonglen* por el perro y por el hombre. Al mismo tiempo, lo estás haciendo por tu propia angustia, por todos los animales maltratados y por todas las personas que abusan y maltratan, y también por todos los que, como tú, presencian la escena y no saben qué hacer. Simplemente realizando este intercambio has hecho del mundo un lugar más amplio y espacioso, más amoroso y bondadoso.

83
Llevar el tonglen *aún más lejos*

AL PRACTICAR ESTE despertar del corazón, el círculo de compasión se amplía a su propio ritmo y se va expandiendo de forma espontánea. No puedes hacer que suceda, no es algo que puedas forzar, ni, por supuesto, algo que puedas fingir, pero al menos puedes experimentar como si fuese un juego y fingirlo ocasionalmente para ver qué sucede cuando intentas hacer *tonglen* para tu enemigo. Intenta obrar de este modo cuando tu enemigo esté de pie frente a ti, o cuando intentes traer a la memoria su recuerdo para, de este modo, hacer *tonglen* con él. Piensa en esta simple instrucción: ¿qué haría falta para que mi enemigo pudiese escuchar lo que estoy tratando de decirle y qué sería necesario para que yo fuese capaz de escuchar lo que él o ella quiere comunicarme? La esencia del *tonglen* está en cómo comunicarnos desde el corazón.

Realizar *tonglen* para todos los seres sensibles no tiene por qué estar reñido con hacerlo para ti mismo o para tu situación inmediata. Esa es la clave, algo que necesitamos escuchar una y otra vez: cuando conectes con tu propio sufrimiento, piensa que, en ese mismo momento, hay innumerables seres que están sintiendo exactamente lo mismo que tú. Sus historias personales son diferentes, pero la sensación de dolor es la misma. Cuando practicamos a la vez para todos los seres sintientes y para nosotros mismos empezamos a darnos cuenta de que yo y el otro en realidad no son dos cosas distintas y diferenciadas.

84

Máxima: «Siéntete agradecido con todos»

«**S**ENTIRNOS AGRADECIDOS CON TODOS» quiere decir hacer las paces con aquellos aspectos de nosotros mismos que hemos rechazado. Al hacerlo, también hacemos las paces con quienes no son de nuestro agrado. Más importante aún, estar rodeado de personas hacia las que sentimos aversión puede ser un potente catalizador para hacer las paces con nosotros mismos.

Si tuviésemos que hacer una lista de las personas que no nos gustan (aquellos individuos a los que consideramos odiosos, amenazantes o merecedores de nuestro desprecio), descubriríamos mucho sobre aquellos aspectos de nosotros mismos que no somos capaces de enfrentar. Si tuviésemos que definir con una sola palabra a cada persona de nuestra vida que nos causa algún problema, veríamos que acabaríamos teniendo un listado de descripciones de las cualidades que rechazamos en nosotros mismos, pues proyectamos estos aspectos en el mundo exterior. Quienes nos causan una sensación de rechazo nos están mostrando inadvertidamente aspectos de nosotros mismos que nos resultan inaceptables y que, de no ser por ellos, no podríamos ver. Las enseñanzas tradicionales *lojong* expresan la misma idea de otro modo al decir que los demás desencadenan el karma en el que nosotros mismos no hemos trabajado. Actúan como un espejo en el que nos reflejamos y nos brindan la oportunidad de volver a establecer una relación amistosa con todas esas antiguas facetas con las que seguimos cargando como si de una mochila llena de piedras se tratase.

Sentirnos agradecidos con todos es una forma de decir que podemos aprender de cualquier situación, especialmente si practicamos esta máxima de un modo consciente. Las diversas personas que se van cruzando en nuestra vida y las distintas situaciones en las que nos encontramos pueden servirnos como recordatorio para percibir la neurosis como neurosis, para ser conscientes de en qué aspectos hemos decidido cerrar la puerta, bajar las persianas y arrastrarnos bajo las sábanas para desentendernos de ellos.

85

Convertir los obstáculos en oportunidades para indagar

LOS OBSTÁCULOS SE PRESENTAN tanto a nivel externo como a nivel interno. Cuando se dan a nivel externo, tenemos la sensación de que algo o alguien nos ha hecho daño, que ha interferido con la paz y la armonía que pensábamos eran nuestras. Creemos que algún cretino lo ha echado todo a perder. Este sentido particular de que algo constituye un obstáculo se da en las relaciones personales y en muchas otras situaciones; nos sentimos decepcionados, dolidos, perjudicados, confundidos o atacados de formas diversas. Los seres humanos se han sentido así desde el principio de los tiempos.

En cuanto al nivel interno de los obstáculos, es muy posible que en realidad no haya nada que nos esté atacando salvo nuestra propia confusión. Tal vez no exista ningún obstáculo sólido y real excepto nuestra propia necesidad de protegernos, de evitar que las cosas nos afecten. Quizá el único enemigo sea que no nos gusta cómo es la realidad en este momento y, por lo tanto, deseamos que desaparezca lo más rápido posible. Pero como practicantes sabemos que nada desaparece hasta que nos ha enseñado aquello que necesitamos aprender.

Incluso si corremos a cien kilómetros por hora hasta llegar a la otra punta del continente, al llegar descubriremos que ahí también nos aguarda exactamente el mismo problema. Regresa a nosotros una y otra vez con nuevos nombres, formas y manifestaciones hasta que aprendemos lo que sea que tenga que enseñarnos: ¿en qué aspecto nos estamos separando de la realidad? ¿Dónde estamos retrocediendo en lugar de abrirnos? ¿En qué faceta nos estamos cerrando en lugar de permitirnos experimentar plena y totalmente lo que sea que encontremos?

86

Seis maneras de estar solo

NORMALMENTE CONSIDERAMOS la soledad como un enemigo. Nos hace sentir inquietos, angustiados, es un sentimiento que nos quema por dentro y que está impregnado del deseo de escapar y encontrar algo o alguien que nos haga compañía. Sin embargo, cuando nos relajamos y descansamos en el regazo de esta sensación, comenzamos a establecer una relación con la soledad que ya no nos resulta amenazante; ahora pasa a ser una soledad calma, tranquila, que da la vuelta a nuestros patrones habituales, llenos de aprensión y temor. Hay seis formas de describir este tipo de serena soledad:

1. *Menos deseo* es la voluntad de estar solo (sin esperar a dejar de estarlo) cuando todo nuestro ser anhela que aparezca algo que cambie nuestro estado de ánimo.
2. *Contento y satisfacción* significa que ya no creemos que escapar de nuestra soledad vaya a aportarnos ninguna felicidad, valor o fuerza.
3. *Evitar actividades innecesarias* significa que dejamos de buscar algo que nos entretenga o que nos salve.

4. *Total disciplina* significa que, siempre que tenemos oportunidad, estamos dispuestos a regresar con atención compasiva al momento presente.

5. *No deambular por el mundo del deseo* significa relacionarse directamente con cómo son las cosas, sin intentar corregirlas ni hacer que estén bien en modo alguno.

6. *No buscar seguridad en los pensamientos discursivos* hace referencia a dejar de buscar la compañía que nos brinda la constante conversación con nosotros mismos.

87

Completamente procesado

COMPRENDER QUE nuestras emociones tienen el poder de hacernos dar vueltas en círculos interminables nos ayuda a descubrir la manera en la que incrementamos nuestro propio dolor y nuestra confusión y nos hacemos daño a nosotros mismos. Puesto que contamos con una bondad, una sabiduría y una inteligencia básicas, estamos capacitados para dejar de hacernos daño tanto a nosotros mismos como a los demás.

Por medio de la atención plena somos conscientes de las cosas en el momento mismo en el que surgen, y esa comprensión hace que dejemos de creer en esa reacción en cadena que provoca que las cosas se magnifiquen, que pasen de ser minúsculas a tener una enorme importancia. Gracias a ella podemos dejar que sigan siendo minúsculas; ya no crecen y crecen hasta convertirse en la Tercera Guerra Mundial, no desembocan en ningún estallido de violencia doméstica. Y todo esto nos llega cuando aprendemos a hacer una pausa, a detenernos por un momento y no hacer lo mismo una y otra vez, dejándonos llevar por el impulso. El mero hecho de parar por un instante en lugar de apresurarnos a llenar inmediatamente el espacio nos transforma. Al aguardar, empezamos a conectar tanto con nuestra inquietud fundamental como con nuestra espaciosidad esencial.

El resultado es que dejamos de causar daño. Empezamos a conocernos a fondo y a respetarnos a nosotros mismos y a los demás. Ahora todo tiene permiso para surgir, cualquier cosa puede entrar en nuestra casa. Incluso si nos encontrásemos un dinosaurio sentado en la sala de estar, no nos asustaríamos, no entraríamos en pánico. Al haber llegado a conocernos a nosotros mismos por medio de la atención honesta y consciente, hemos procesado por completo la totalidad de nuestro ser.

88

Compromiso

HACE POCO DI UN CURSO de fin de semana en una especie de mercado espiritual *new age*. El taller que yo daba no era más que uno de los aproximadamente setenta talleres que se ofrecían. En el aparcamiento o durante el almuerzo, la gente comentaba: «Por cierto, ¿qué curso vas a probar este fin de semana?». La verdad es que hacía mucho que no me topaba con algo así.

Tiempo atrás, yo misma también fui probando esto y aquello en mi búsqueda de un camino espiritual. Lo que puso fin a esta actitud fue escuchar a Chögyam Trungpa, mi maestro, decir que pasar de una cosa a otra en la búsqueda espiritual no es más que un intento de encontrar seguridad, una forma de tratar de sentirnos siempre bien con nosotros mismos. Podemos escuchar el *dharma* desde muchas voces o enfoques diferentes, pero no nos comprometemos hasta que no encontramos una manera particular que resuena a verdad en nuestro corazón y decidimos seguirla. Para poder profundizar tiene que haber un compromiso incondicional. El viaje del guerrero comienza cuando elegimos una vía concreta y nos ceñimos a ella. Es entonces cuando dejamos que nos modifique. Sin un claro compromiso, en el mismo momento en que realmente empezamos a sentir dolor, sencillamente abandonamos la práctica y buscamos alguna otra cosa.

Pero la pregunta sigue siendo: ¿con qué estamos comprometidos de verdad? ¿Con ir a lo seguro y manipular nuestra vida y al resto del mundo para que nos brinden seguridad y confirmen nuestras creencias o con practicar el desprendimiento y el soltar a niveles cada vez más y más profundos? ¿Tomamos refugio en actos, palabras y mentalidades reducidas y autocomplacientes o, por el contrario, establecemos nuestro refugio en la actitud del guerrero, en la voluntad de dar un salto e ir más allá de nuestras zonas de confort habituales?

89

Tres formas de afrontar el caos

EXISTEN TRES FORMAS muy prácticas de abordar las circunstancias difíciles que podemos emplear como una vía que nos conduzca al despertar y a la alegría: dejar de luchar, utilizar el veneno como medicina y considerar que todo lo que surge es una manifestación de la sabiduría.

El primer método queda perfectamente resumido en la propia instrucción de la meditación: sea lo que sea que surja en nuestra mente, lo miramos directamente, lo etiquetamos como «pensamiento», y regresamos a la sencillez y la inmediatez de la respiración. Cuando se presenten dificultades en la vida, siempre podemos seguir practicando de este modo. Podemos desprendernos de la historia personal y aquietarnos lo suficiente como para limitarnos a estar presentes, soltar toda esa plétora de juicios y esquemas y dejar de luchar.

En segundo lugar, podemos usar el veneno como combustible en nuestro proceso de despertar. En general, la primera vez que nos encontramos con esta idea es en el *tonglen*. En lugar de huir de las situaciones difíciles, podemos usarlas para conectar con otras personas que, al igual que nosotros, a menudo sienten dolor. Como dice una máxima: «Cuando el mundo esté lleno de maldad, transforma cualquier contratiempo en una vía hacia la iluminación».

El tercer método para afrontar el caos consiste en considerar todo lo que surja como la manifestación de la energía despierta. Podemos vernos a nosotros mismos como seres que ya están despiertos y considerar que nuestro mundo ya es un lugar sagrado. Esta visión nos alienta a tomar todo lo que se presente en nuestra vida como base para alcanzar la iluminación.

El mundo en el que nos encontramos, la persona que creemos ser: esas son las bases desde las que trabajamos. Esta morgue a la que llamamos vida es la manifestación de la sabiduría, y esa sabiduría es la base de la libertad, así como de la confusión. En todo momento estamos haciendo una elección: ¿hacia dónde vamos? ¿Cómo nos relacionamos con la materia prima de nuestra existencia?

90
Ecuanimidad inmediata

UNA FORMA DE MANTENERNOS ecuánimes justo en el lugar o en la situación en la que nos encontremos consiste en ir caminando por la calle con la clara intención de permanecer lo más despiertos posible con quien sea que nos encontremos. De este modo practicamos el ser emocionalmente honestos con nosotros mismos y estar más disponibles para los demás. Cuando la gente pase por delante de nosotros, simplemente nos fijamos en si estamos abiertos o cerrados a ellos. Nos damos cuenta de si sentimos atracción, aversión o indiferencia, sin añadir ningún comentario extra, ningún juicio sobre nosotros mismos. Puede que sintamos compasión por alguien que parece estar abatido o que nos alegremos al ver a alguien que va sonriendo. Quizá sintamos miedo y aversión hacia otra persona sin saber siquiera el motivo. Ser conscientes de cuándo nos abrimos y cuándo nos cerramos, sin elogios ni culpas, es la base de nuestra práctica. Ejercitarnos de esta manera por las calles de la ciudad, incluso aunque no sea más que lo que tardamos en recorrer una manzana, puede ser toda una revelación.

Podemos llevar la práctica aún más lejos utilizando todo lo que surja como base para la empatía y la comprensión. De este modo, los sentimientos que nos producen cerrazón, como el miedo o la repulsión, se convierten en una oportunidad para recordar que los demás también se ven atrapados en ellos. Por su parte, nuestros estados de apertura, como la amabilidad y el deleite, nos pueden conectar de una forma muy íntima y personal con la gente que nos encontramos por la calle. En ambos casos nuestro corazón se expande.

91

La verdad es incómoda

L A DIFERENCIA ENTRE el teísmo y el ateísmo no radica en si creemos o no creemos en Dios, es una cuestión aplicable a todo el mundo, incluyendo tanto a budistas como a no budistas. El teísmo se basa en la profunda convicción de que existe una mano a la que podemos agarrarnos, de que, con tan solo obrar correctamente, siempre habrá alguien ahí que nos valorará y que cuidará de nosotros. Significa pensar que siempre habrá una niñera disponible para ocuparse de nosotros cuando la necesitemos. Todos tendemos a abdicar de nuestras responsabilidades y delegar nuestra propia autoridad en algo externo, en algo distinto a nosotros mismos.

Por el contrario, el ateísmo consiste en entregarse por completo a la ambigüedad y la incertidumbre del momento presente sin buscar nada que nos proteja. A veces pensamos que las enseñanzas budistas son algo ajeno a nosotros mismos, algo en lo que creer, algo que cumplir o que alcanzar. Sin embargo, el *dharma* no es una creencia, no es un dogma: es el reconocimiento pleno y total de la impermanencia y el cambio. Las enseñanzas se desintegran cuando tratamos de aprehenderlas. Tenemos que vivirlas sin esperanza alguna. Muchas almas valientes y compasivas las han experimentado y enseñado antes que nosotros. Su mensaje es crudo y descarnado. El *dharma* nunca ha sido una creencia que seguir ciegamente. No nos proporciona absolutamente nada a lo que aferrarnos.

El ateísmo es comprender finalmente que no existe ninguna «niñera», ningún «cuidador» con el que podamos contar. Justo cuando creemos que hemos encontrado uno bueno, él o ella se van, desaparecen. El ateísmo consiste en ser consciente de que esto no solo ocurre con los «cuidadores», sino que la vida en su totalidad es así. Esta es la verdad, y es una verdad incómoda.

92
Permanecer libre de miedo

En una montaña llamada pico del Buitre, el Buda presentó algunas enseñanzas revolucionarias sobre la dimensión abierta y sin anclajes de nuestro ser, que se conoce tradicionalmente como *vacío, bodhichitta absoluta* o *prajnaparamita*. Muchos de los discípulos presentes ya tenían una profunda comprensión de la impermanencia y la inexistencia del ego: la verdad de que nada (incluidos nosotros mismos) es sólido ni predecible. Entendieron el sufrimiento que se desprende de la fijación (de la obsesión) y de tratar de aferrarse a las cosas. Es algo que aprendieron directamente del Buda mismo. Habían experimentado su profundidad en la meditación. Pero el Buda era consciente de lo arraigada que está nuestra tendencia a buscar un terreno sólido en el que apoyarnos. El ego puede echar mano de cualquier cosa para mantener la ilusión de seguridad, incluyendo la creencia misma en la insustancialidad y el cambio.

Así que hizo algo realmente radical e inesperado. Con sus enseñanzas sobre el vacío sacudió completamente los cimientos y consiguió que sus discípulos profundizasen aún más en la insustancialidad, en la falta de asideros sólidos a los que poder aferrarnos. Les dijo que tenían que desprenderse de todo lo que creyeran, que detenerse en cualquier descripción de la realidad era caer en una trampa. Aquel día, el mensaje principal del Buda fue que el hecho de aferrarnos a cualquier cosa bloquea la sabiduría. Tenemos que despojarnos de toda conclusión a la que podamos haber llegado. La única forma de entender por completo las enseñanzas, la única manera de practicarlas plenamente, es permanecer en la apertura incondicional, atravesando con paciencia todas nuestras tendencias a aferrarnos.

Esta instrucción (conocida como el Sutra del Corazón) es una enseñanza sobre no tener miedo. En la medida en que dejemos de luchar contra la incertidumbre y la ambigüedad, en esa misma medida disolveremos nuestros miedos. La total ausencia de temor equivale a la plena iluminación: una interacción sincera, abierta y total con nuestro mundo. Entretanto, nos entrenamos pacientemente para ir avanzando en esa dirección. Al aprender a relajarnos en esta total ausencia de base sólida, vamos conectando de forma gradual con la mente que no conoce el miedo.

93

La paradoja esencial

En el Sutra del Corazón, uno de los principales discípulos del Buda, un monje llamado Shariputra, empieza a hacer una serie de preguntas a Avalokiteshvara, el *bodhisattva* de la compasión, comenzando por esta: «¿Cómo puedo aplicar el *prajnaparamita* en todas las palabras, acciones y pensamientos de mi vida? ¿Cuál es la clave para ejercitarse en esta práctica? ¿Qué enfoque he de adoptar?».

Avalokiteshvara le responde con la más famosa de las paradojas budistas: «La forma es vacío y el vacío es forma. El vacío no es otra cosa que la forma, la forma no es otra cosa que el vacío». Al igual que ocurre con el propio *prajnaparamita*, su explicación es inexpresable, indescriptible, inconcebible. La forma es aquello que simplemente *es* antes de que proyectemos nuestras creencias sobre ello. El *prajnaparamita* representa una visión completamente nueva, una mente sin restricciones en la que todo es posible.

«La forma es vacío» hace referencia a nuestra relación simple y directa con la inmediatez de la experiencia. Primero nos deshacemos de nuestras ideas preconcebidas, y después tenemos que dejar de lado incluso la creencia misma de que debemos ver las cosas sin ideas preconcebidas. Al seguir tirando con fuerza de la alfombra sobre la que nos encontramos, llegamos a entender la perfección de las cosas tal como son. Pero «el vacío es forma» le da la vuelta a la tortilla. El vacío se manifiesta continuamente como guerra y paz, como amargura, nacimiento, vejez, enfermedad y muerte, y también como alegría. El reto consiste en mantenernos en contacto con la esencia de lo que supone estar vivo. Por eso nos ejercitamos en las prácticas de la *bodhichitta relativa* de las cuatro cualidades ilimitadas y en el *tonglen*, porque nos ayudan a conectar plenamente con la vivacidad e intensidad de la vida con una mente abierta y despejada. Las cosas son tan buenas o malas como parecen por sí mismas. No hay ninguna necesidad de añadirles nada.

94
Nada a lo que aferrarse

TODAS LAS INSTRUCCIONES sobre el *mindfulness* apuntan a lo mismo: permanecer plenamente justo en el lugar en el que estamos nos afianza, nos clava en el tiempo y el lugar exacto que ocupamos, nos introduce firmemente en el punto del tiempo y el espacio en el que nos encontramos. Cuando nos detenemos ahí y no actuamos, no reprimimos, no culpamos de nada a ninguna otra persona (ni tampoco a nosotros mismos), entonces nos topamos con una pregunta abierta para la que no existe una respuesta conceptual. También nos encontramos a nosotros mismos.

El truco está en seguir explorando y no escapar, ni tan siquiera cuando las cosas no van como pensábamos. Eso es lo que vamos a descubrir una vez, y otra, y otra más. Nada es como pensábamos que era. Eso puedo afirmarlo con total confianza. El vacío no es lo que pensamos, ni tampoco el *mindfulness*, el miedo o la compasión. Amor, naturaleza de Buda, valor... todas estas palabras no son más que códigos para designar cosas que no conocemos mentalmente pero que cualquiera puede experimentar. Son términos que señalan lo que la vida es realmente cuando dejamos que todo se derrumbe y nos damos permiso a nosotros mismos para estar completamente clavados en el momento presente.

El camino del guerrero-*bodhisattva* no tiene nada que ver con alcanzar el cielo o algún otro lugar en el que todo sea bueno, cómodo y propicio. El hecho de querer encontrar un lugar en el que todo esté bien es justo lo que nos hace sentir desdichados. Lo que nos mantiene inmersos en el *samsara* es estar buscando constantemente el modo de obtener placer y evitar el dolor. Mientras sigamos creyendo que existe algo que puede satisfacer de forma permanente nuestras ansias de seguridad, el sufrimiento seguirá siendo inevitable. La verdad es que las cosas siempre están en transición. «Nada a lo que aferrarse» es la raíz de la felicidad. Si descansamos aquí descubriremos que existe un estado tierno, sensible, amable, no agresivo, abierto, y aquí es donde se encuentra el camino del coraje y la ausencia de miedo.

95

Máxima: «Pon todas las culpas en una sola persona»

«**P**ON TODAS LAS CULPAS en una sola persona» significa *hacer propia* la culpa (en lugar de culpabilizar constantemente a los demás), la ira, el enfado y la soledad y hacer las paces con estas emociones. Puedes usar la práctica del *tonglen* para comprobar hasta qué punto eres capaz de ubicar la ira, el miedo o la soledad en manos de la amorosa bondad; utiliza el *tonglen* para aprender a ser amable con todos esos sentimientos. Para conseguir ese objetivo y crear una atmósfera de compasión hacia ti mismo es necesario que dejes de contarte lo malo, incorrecto y equivocado que es todo (o, para el caso, lo bueno y correcto que es).

Te reto a que intentes ver las cosas de este modo: deshazte del objeto de tu emoción, practica *tonglen* y comprueba si, de hecho, disminuye la intensidad de ese (así llamado) veneno. Yo he experimentado con esto, y como mis dudas era tan intensas, durante un tiempo me dio la impresión de que no funcionaba, pero, a medida que fue creciendo mi confianza, descubrí que eso es precisamente lo que sucede, que tanto la intensidad como la duración de la emoción disminuyen. Y esto sucede porque así empezamos a airear el ego. Todos somos principalmente adictos al YO, al MÍ. Este YO tan grande y sólido empieza a oxigenarse cuando vamos en contra de sus principios y en lugar de culpar a los demás nos limitamos a permanecer con nuestros sentimientos y morar en ellos. La «persona» en la expresión «pon todas las culpas en una sola persona» representa nuestra tendencia a protegernos, a aferrarnos al ego. Cuando dirigimos todas las culpas hacia esta tendencia nos quedamos con nuestros sentimientos y los sentimos plenamente; ese YO tan férreo, monolítico y persistente se vuelve más ligero, pues está hecho de nuestras opiniones, de nuestros estados de ánimo y de una miríada de cosas efímeras (pero al mismo tiempo muy intensas y convincentes).

96

Este preciso instante es el maestro perfecto

A MEDIDA QUE NOS VAMOS volviendo más abiertos, es posible que pensemos que, para abandonar nuestros comportamientos habituales, nos hace falta vivir grandes catástrofes. Lo curioso es que, a medida que nos vamos abriendo más y más, son precisamente los grandes acontecimientos los que nos despiertan de inmediato, mientras que las pequeñas cosas nos pillan distraídos. En todo caso, independientemente del tamaño, el color o la forma que adopte el evento catastrófico, lo importante es seguir apoyándonos en la incomodidad de la vida y verla con total claridad en lugar de tratar de protegernos de ella.

En la práctica de la meditación no tratamos de alcanzar ninguna especie de ideal, sino todo lo contrario. Simplemente permanecemos con nuestra experiencia, sea cual sea. Si lo que experimentamos es que a veces somos capaces de ver las cosas con una cierta perspectiva y otras no, entonces esa es nuestra experiencia. Si a veces podemos acercarnos a lo que nos asusta y otras no, entonces esa es nuestra experiencia. En realidad, «este mismo momento es el maestro perfecto» es una instrucción muy profunda. Tan solo ver lo que está pasando; ahí mismo se encuentra la enseñanza. Podemos permanecer con lo que sea que esté sucediendo y no disociarnos de ello. El estado despierto se encuentra tanto en el placer como en el dolor, tanto en la sabiduría como en la confusión. Siempre está disponible, en cada momento de nuestra extraña, insondable y ordinaria vida cotidiana.

97

Dale la bienvenida a tus asuntos pendientes

Puedes llevar todos tus asuntos kármicos pendientes a la práctica del *tonglen*. De hecho, deberías darles la bienvenida, procurar que así fuese. Supongamos que estás metido en una relación horrible: cada vez que piensas en una determinada persona montas en cólera. Pues bien, ¡eso es muy útil para la práctica del *tonglen*! O quizá te sientes deprimido y lo único que has sido capaz de hacer en todo el día ha sido levantarte de la cama. Estás tan abatido que lo único que quieres es pasar el resto de tu vida metido en la cama... Hasta has considerado la idea de meterte debajo de ella y no salir de ahí jamás. Bueno, eso también es muy útil para la práctica del *tonglen*. Como en estos ejemplos, la fijación u obsesión específica ha de ser real.

Puede que estés practicando *tonglen* formalmente, o simplemente tomándote un café, y de pronto se presente el objeto de tu furia. Lo que has de hacer es incorporar ese sentimiento, respirarlo. La idea es desarrollar una actitud de simpatía y cercanía hacia tu propia confusión. La técnica consiste en no culpar al objeto, ni tampoco a ti mismo. Cuando no culpabilizamos lo único que queda es la furia liberada (esa sensación abrasadora, oscura y pesada). Experiméntala tan plenamente como puedas.

Al respirar, inhala la ira. Retira el objeto, deja de pensar en él. De hecho, la persona o el objeto no ha sido más que un catalizador conveniente. Ahora tú eres el único dueño de la ira. Es tuya por completo. Lleva toda la culpa hacia ti mismo. Se necesita mucha valentía para obrar de este modo y, por supuesto, resulta extremadamente insultante para el ego. De hecho, destruye todos sus mecanismos. Así que respíralo. Incorpóralo a tu ser. Hazlo tuyo.

Después, en la exhalación, emana simpatía, relajación, espaciosidad. En lugar de limitarte a permanecer en un estado angosto, reducido y oscuro, ahora permites que haya mucho espacio para albergar todos estos sentimientos. Espirar es como abrir los brazos y soltar, dejar ir. Es aire fresco. Luego vuelves a inhalar la ira (su ardor, su densa oscuridad) y nuevamente exhalas, oxigenando todo por completo, dándole espacio, mucho espacio.

98

Cuatro formas de «mantenernos en nuestra montura»

Cuando nuestra intención es sincera pero las cosas se ponen difíciles, lo más probable es que necesitemos un poco de ayuda. En estos casos, podríamos usar alguna instrucción fundamental sobre cómo aligerar y dar la vuelta a nuestra muy arraigada costumbre de acusar y culpar a los demás.

Estos cuatro métodos para «mantenernos en nuestra montura»* (es decir, para conservar la calma y la compostura a través de los altibajos de la vida) nos brindan esta clase de apoyo para desarrollar la paciencia y poder así permanecer abiertos a lo que sea que esté sucediendo (en lugar de actuar con el piloto automático puesto). Son los siguientes:

1. *No establecer una diana para las flechas.* La elección es tuya: puedes reforzar tus viejos hábitos reaccionando a la irritación con ira, o bien debilitarlos manteniendo la ecuanimidad y la calma.

---

* (*Hold your seat* en el original inglés). Se trata de una de las metáforas principales utilizadas por Chögyam Trungpa, quien aplicó los principios de la equitación a la meditación y la vida cotidiana. *(N. del T.)*

2. *Conectar con el corazón.* Permanece con la intensidad de la ira, acomódate en ella y deja que su energía te vuelva más humilde y compasivo.

3. *Ver los obstáculos como maestros.* En el momento en que estés a punto de estallar, recuerda que esto no es más que un reto, una prueba para que acojas el desasosiego y la tensión y te relajes justo ahí, en el estado en el que te encuentres.

4. *Considerar que todo lo que ocurre es un sueño.* Piensa que estas circunstancias externas, así como estas emociones y este enorme sentido del YO, son transitorios y efímeros; carecen de esencia, son como un recuerdo, como una película, como un sueño. Esta comprensión corta de raíz el pánico y el miedo.

Cuando nos veamos atrapados en sentimientos de agresión, podemos recordar lo siguiente: no tenemos que atacar, ni tampoco tenemos por qué reprimir lo que estamos sintiendo. No hay ninguna necesidad de sentir odio o turbación. Como mínimo, podemos empezar a cuestionar nuestras suposiciones. ¿Pudiera ser que, tanto si estamos despiertos como si estamos dormidos, estuviésemos simplemente pasando de un sueño o de un estado onírico a otro?

99
Cultivar el perdón

EL PERDÓN ES UN INGREDIENTE esencial en la práctica de la *bodhichitta*, pues nos permite liberarnos del pasado y comenzar de cero. El perdón no se puede forzar. Sin embargo, cuando somos lo suficientemente valientes como para abrir nuestro corazón a nosotros mismos, surge espontáneamente.

Hay una práctica muy sencilla que podemos realizar para cultivar el perdón. Primero reconocemos lo que estamos sintiendo: culpa, ofuscación, remordimiento, deseos de venganza, etc. Luego nos perdonamos a nosotros mismos por ser humanos. Y finalmente, con el ánimo de no revolcarnos en el dolor, nos desprendemos de ese sentimiento y comenzamos desde cero. Ya no tenemos por qué llevar esa carga con nosotros. Podemos reconocer, perdonar y empezar de nuevo. Si practicamos de esta manera, poco a poco aprenderemos a permanecer en ese sentimiento de arrepentimiento que nos causa habernos lastimado tanto a nosotros mismos como a los demás. También aprenderemos a perdonarnos. Con el tiempo, a nuestro propio ritmo, seremos capaces incluso de perdonar a aquellos que nos han hecho daño. Descubriremos que el perdón no es más que la expresión natural de un corazón abierto, una expresión de nuestra bondad básica. Este potencial es inherente a cada instante: todo momento es una oportunidad para comenzar de nuevo.

100
Acoger las paradojas

L A VIDA ES GLORIOSA, pero también un valle de lágrimas. Apreciar su gloria nos inspira, nos alienta, nos energiza y nos hace adoptar una perspectiva más amplia y abarcadora. Nos hace sentir conectados. Pero, si eso es lo único que tiene lugar, nos volvemos arrogantes y empezamos a despreciar a los demás; nos damos una gran importancia a nosotros mismos y queremos que la vida siga siendo siempre así. Lo glorioso se tiñe de ansia y adicción.

Por otro lado, la miseria, las desgracias o la infelicidad (es decir, el aspecto doloroso de la vida) nos vuelven mucho más blandos y flexibles. Conocer el dolor es un ingrediente importante a la hora de poder estar ahí para otra persona. Cuando estamos afligidos podemos mirar a los demás directamente a los ojos porque sentimos que no tenemos nada que perder; simplemente estamos ahí, presentes. Las desgracias y las dificultades hacen que seamos más humildes, más sencillos y afables, pero, si solamente experimentásemos esto, todos estaríamos tan deprimidos y desesperados que no tendríamos suficiente energía ni para darle un mordisco a una manzana.

La gloria y la desgracia se necesitan mutuamente. Una nos inspira, la otra nos ablanda. Van juntas.

Atisha dijo: «Independientemente de cuál de las dos esté teniendo lugar, sé paciente». Tanto si la situación en la que te encuentras es espléndida como si es lamentable, tanto si es placentera como si es detestable, sé paciente. Paciencia significa permitir que las cosas se desarrollen a su propio ritmo en lugar de lanzarnos de inmediato con nuestras formas habituales de responder ante el placer o el dolor. A menudo, la verdadera felicidad, que subyace tanto en la gloria como en la desgracia, queda anulada porque caemos con demasiada premura en los patrones habituales.

La paciencia no se aprende en un entorno seguro, no se aprende cuando todo va bien y es armonioso. Cuando todo va como la seda, ¿quién necesita paciencia? Si nos quedamos en la habitación con la puerta cerrada con llave y las cortinas echadas, lo más probable es que nos parezca que todo es armonioso, pero, en el momento en que algo no sale como queremos, estallamos. No es posible cultivar la paciencia cuando nuestro patrón de conducta consiste simplemente en tratar de buscar la armonía y evitar las dificultades. La paciencia implica estar dispuesto a estar vivo, no limitarnos a buscar la armonía.

101
La sangha

TOMAR REFUGIO EN LA *SANGHA* (es decir, refugiarse en el conjunto de las otras personas que también se encuentran en la vía del guerrero-*bodhisattva*) no significa que nos unamos a un club en el que todos somos buenos amigos, charlamos sobre la bondad básica, asentimos con ademanes de sabiduría y criticamos a quienes no creen lo mismo que nosotros. No, tomar refugio en la *sangha* significa ampararse en la hermandad y en la solidaridad de individuos que están decididos y comprometidos a despojarse de su armadura.

Si vivimos en el seno de una familia en la que todos sus miembros han tomado la firme determinación de despojarse de su armadura, entonces uno de los vehículos más potentes y eficaces para aprender a hacerlo es la retroalimentación que nos damos unos a otros, la cercanía y la buena disposición que nos mostramos mutuamente. Por lo general, cuando alguien siente lástima por sí mismo y empieza a revolcarse en ese autocompadecimiento, la gente le da una palmada en la espalda y le dice: «Vaya, pobrecito», o bien le recrimina: «¡Por el amor de Dios, supéralo de una vez!». Pero, si nosotros mismos hemos adoptado el compromiso de deshacernos de nuestra armadura y sabemos que la otra persona también lo ha hecho, es muy posible que realmente podamos transmitirle el gran don del *dharma*. Con mucho amor y ternura, y a partir de nuestra propia experiencia de lo que es posible, podemos ofrecerle esa sabiduría que seguramente alguien puso en nuestras manos cuando éramos nosotros quienes nos sentíamos tristes y desdichados. Le alentamos a no caer en la autocompasión, a que se dé cuenta de que se trata de una oportunidad para crecer y madurar, y le hacemos ver que todo el mundo pasa por esa clase de experiencia.

En otras palabras, la *sangha* es un grupo de personas que están dispuestas a ayudarse mutuamente a quitarse la armadura y no alentar las debilidades o tendencias negativas de los demás (lo cual tan solo contribuiría a que siguiesen con ella puesta). Cuando vemos que la otra persona ha colapsado o que repite obstinadamente: «¡No! ¡Dejadme en paz! ¡Me gusta esta armadura!», se presenta la ocasión de indicarle que debajo de todos esos escudos defensivos hay un montón de llagas supurantes y que un poco de luz del sol no le va a hacer ningún daño. Esa es la idea de tomar refugio en la *sangha*.

102
Igual que yo (compasión inmediata)

U NO DE LOS RESULTADOS de la práctica de la compasión es
que empezamos a tener una comprensión más profunda
de las raíces del sufrimiento. No solo aspiramos a que disminuyan sus manifestaciones externas, sino también a que todos
podamos dejar de actuar y pensar de una manera que tan solo
conduce a un recrudecimiento de la confusión y la ignorancia.
Aspiramos a estar libres de obsesiones y de cerrazón mental,
a disolver el mito de que estamos separados.

Resulta particularmente útil trasladar todas estas aspiraciones a la vida cotidiana. Podemos realizar estas prácticas al
tiempo que estamos inmersos en este paradójico e impredecible mundo. De este modo, ejercitamos nuestra intención y,
a la vez, empezamos a actuar. En términos tradicionales, esto
supone cultivar los dos niveles de la *bodhichitta*: el de la aspiración y el de la acción. A veces, esta es la única manera de
sentir que esta práctica es relevante para el sufrimiento que
de continuo presenciamos a nuestro alrededor.

Yo pongo en práctica estas cosas en toda clase de situaciones: en la mesa del desayuno, en la sala de meditación, en el consulta del dentista... Por ejemplo, estando de pie en la cola del supermercado, podría percatarme de la actitud desafiante del adolescente que está delante de mí y adoptar la siguiente aspiración: «Que este chico pueda estar libre del sufrimiento y de sus causas». O podría reparar en los zapatos, en las manos o en la expresión de una extraña en el ascensor y recordar que, igual que yo, esta mujer tampoco desea tener tensiones ni dificultades en su vida; que, igual que yo, ella también tiene preocupaciones. Nuestros miedos y esperanzas, nuestras dichas y aflicciones nos unen y nos interconectan profundamente.

103

Máxima: «Practica las cinco fortalezas (las instrucciones del corazón condensadas)»

H AY CINCO FORTALEZAS a las que podemos recurrir en nuestra práctica para el despertar de la *bodhichitta*. Son cinco maneras en las que un guerrero puede incrementar su nivel de confianza e inspiración:

1. Cultivar la *fuerte determinación* y el férreo compromiso de relacionarnos abiertamente con lo que sea que la vida nos presente, incluyendo cualquier clase de angustia emocional. Como guerreros que se están adiestrando, desarrollamos la determinación incondicional de aprovechar cualquier malestar como una oportunidad para despertar, en lugar de tratar de hacerlo desaparecer. Esta determinación nos aporta fortaleza y vigor.

2. *Familiarizarnos* con las prácticas de la *bodhichitta* utilizándolas en la práctica formal y en cualquier lugar y situación en que nos encontremos. Pase lo que pase, nuestro compromiso es usarla para despertar nuestro corazón.

3. Regar la *semilla de la bodhichitta* tanto en situaciones dichosas y favorables como en momentos de angustia y desdicha, de modo que podamos incrementar nuestra confianza en esta semilla positiva. A veces resulta útil encontrar pequeñas formas en las que la semilla de la bondad pueda manifestarse en nuestra vida.

4. Usar el *reproche* (con ternura y benevolencia) como una manera de cazarnos a nosotros mismos antes de que nos hagamos daño a nosotros o a los demás. El método más suave de reproche consiste en preguntarse: «¿Alguna vez he hecho esto antes?».

5. Fomentar el hábito de *aspirar* a que el sufrimiento y sus causas disminuyan y que la sabiduría y la compasión aumenten para todos; es decir, fomentar el hábito de cultivar y nutrir en todo momento nuestro corazón bondadoso y una mente abierta. Incluso cuando no nos es posible actuar, podemos aspirar a encontrar la fuerza y la capacidad de amar del guerrero.

104

Retroceder en la rueda
del samsara

C ADA ACCIÓN CUENTA. También cada pensamiento y cada emoción. Este momento es la única vía de la que disponemos. Es aquí, en este instante, donde aplicamos las enseñanzas. La vida es corta. Incluso si vivimos hasta los ciento ocho años, la vida seguirá siendo demasiado corta para presenciar todas sus maravillas. El *dharma* es cada acción que realizamos, cada pensamiento que tenemos, cada palabra que pronunciamos. ¿Estamos dispuestos al menos a ser conscientes de cuando nuestra mente se dispara descontroladamente, y de hacerlo sin rubor ni embarazo? ¿Aspiramos al menos a no considerarnos a nosotros mismos como un problema, sino simplemente como un ser humano bastante típico que, en ese momento, podría darse un respiro y dejar de ser tan predecible?

El *dharma* puede curar nuestras heridas (esas heridas tan antiguas que no provienen del pecado original, sino de un malentendido tan ancestral que ya no somos capaces de identificarlo). Aquí la instrucción es relacionarnos de un modo compasivo con el lugar y el estado en el que nos encontremos y empezar a considerar que nuestro problema tiene solución. Estamos atrapados en patrones de aferramiento y obcecación que hacen que una y otra vez se produzcan los mismos pensamientos y reacciones. Así es como proyectamos nuestro mundo. Cuando somos conscientes de esto, incluso aunque no sea más que durante un segundo cada tres semanas, descubrimos de forma natural el modo de revertir este proceso de solidificación de las cosas, de detener el mundo claustrofóbico tal como lo conocemos, de abandonar la carga acumulada de siglos y siglos e introducirnos en un territorio completamente nuevo e inexplorado.

¿Cómo diantres podemos conseguir este objetivo? Bueno, la respuesta es sencilla: haz que el *dharma* sea algo personal, explóralo de todo corazón y relájate.

105
El camino es la meta

¿CÓMO PODEMOS EMPLEAR la vida con la que ya contamos para ser más sabios en lugar de para estar cada vez más encerrados y empantanados? ¿Cuál es la fuente de sabiduría a nivel personal, a nivel individual?

Por lo que parece, la respuesta a estas preguntas tiene que ver con incorporar todo lo que la vida nos pone por delante a nuestro camino, a nuestra vía. Todo tiene naturalmente un inicio, un desarrollo (un camino) y una consecución, lo que equivale a decir que todo tiene un principio, una etapa media y un final. Pero también se dice que el desarrollo (el proceso) es en sí mismo tanto el inicio como la consecución, tanto el principio como el final. En este sentido, el camino es la meta.

Y esta vía posee una característica que la diferencia muy claramente: no es algo prefabricado, no es algo que ya exista. El camino o la vía del que estamos hablando es la evolución momento a momento de nuestra experiencia, la evolución momento a momento del mundo de los fenómenos, la evolución momento a momento de nuestros pensamientos y emociones. El camino es desconocido. No figura en ningún mapa. Llega a la existencia momento a momento y al mismo tiempo se desvanece y queda atrás.

Cuando comprendemos que el camino es la meta, aparece un sentido de posibilidad, de viabilidad; podemos considerar todo lo que ocurre en nuestra mente confusa como parte del camino. Todo es «viable».

106
Intensificación de la neurosis

PODRÍAMOS SUPONER que a medida que nos entrenamos en la *bodhichitta* nuestros patrones habituales comienzan a relajarse y aclararse, que día a día, mes a mes, nos vamos volviendo más abiertos, más flexibles, mejores guerreros. Sin embargo, lo que ocurre en realidad con la práctica continua es que nuestros patrones se vuelven más agudos. A esto se le llama *intensificación de la neurosis*. Es algo que sencillamente ocurre. Comenzamos a captar la esencia de la insustancialidad y, a pesar de nuestro deseo de mantenernos firmes, abiertos y flexibles, nos aferramos a nuestros patrones de conducta habituales.

Por ejemplo, puede que desarrollemos una nueva historia personal de autocrítica basada en ideales espirituales. En ese caso, el adiestramiento del guerrero se convierte tan solo en otra forma más de sentir que nunca estamos a la altura. O puede que utilicemos la práctica para aumentar nuestro sentido de ser especiales, para seguir cultivando nuestra propia imagen y aumentar nuestro orgullo y arrogancia. O tal vez deseemos sinceramente deponer todas las cosas inútiles con las que vamos cargando pero, en el proceso, usemos las enseñanzas mismas para distanciarnos del caos y la inquietud propios de la vida, que intentemos utilizar nuestro adiestramiento espiritual para evitar esa sensación de angustia que sentimos en el estómago. La cuestión es que tenemos que incorporar plenamente en la práctica de la *bodhichitta* las tácticas que empleamos habitualmente para mantenernos cohesionados (es decir, hemos de incorporarlas en la práctica misma de la *des*-cohesión, de la pérdida de toda base sólida). Pero gracias a la práctica podemos empezar a considerar de un modo mucho más compasivo lo que hacemos. ¿Qué nos está ocurriendo a nivel psicológico? ¿Nos sentimos inadecuados? ¿Seguimos creyendo en nuestros viejos dramas? ¿Estamos utilizando la espiritualidad como un atajo para evitar lo que nos asusta? No resulta sencillo percatarse de en qué aspectos seguimos buscando como siempre asirnos a alguna base sólida, a alguna clase de seguridad, de terreno firme. Tenemos que ir desarrollando gradualmente la confianza en que, en realidad, soltar y desprendernos de todo punto de apoyo es liberador. Nos ejercitamos de forma continua en la *maitri*. Se necesita tiempo para generar entusiasmo por cómo nos sentimos realmente cuando permanecemos abiertos.

107
Indagación compasiva

CUANDO NUESTRA ACTITUD hacia el miedo se vuelve más abierta e inquisitiva se produce un cambio fundamental. En lugar de pasarnos la vida tensionándonos, nos damos cuenta de que podemos conectar con la frescura del momento y relajarnos en él.

La práctica consiste en investigar con compasión nuestros estados de ánimo, emociones y pensamientos. La indagación compasiva de las estrategias a las que recurrimos y de nuestra forma de reaccionar es fundamental en el proceso de despertar. Se nos alienta a adoptar una actitud de interés y curiosidad respecto a las neurosis que se activan de forma automática cuando los mecanismos de defensa con los que afrontamos la realidad comienzan a desmoronarse. Así es como conseguimos dejar de creer en nuestros mitos personales, de estar constantemente divididos contra nosotros mismos, de estar siempre resistiéndonos a nuestra propia energía. Así es como aprendemos a morar de forma permanente en nuestra bondad básica.

La práctica es un proceso continuo. Desde el instante en que comenzamos a entrenarnos como *bodhisattvas* hasta que confiamos por completo en la libertad de nuestra mente incondicional e imparcial, nos estamos rindiendo momento a momento a lo que sea que esté sucediendo en este instante temporal. Con precisión y delicadeza, entregamos todas nuestras preciadas formas de considerarnos a nosotros mismos y a los demás, nuestras tan queridas tácticas para evitar que todo se venga abajo, los métodos que atesoramos para bloquear nuestro tierno y sensible corazón... En el proceso, a medida que vamos ejercitándonos en esto una y otra vez y al cabo de muchos años de inspiración y dificultades, desarrollamos una especie de gusto o de querencia por la insustancialidad, por la completa ausencia de asideros a los que aferrarnos.

108

Máxima: «Mantén siempre un espíritu alegre»

En PRINCIPIO, «mantener siempre un espíritu alegre» puede parecernos una aspiración imposible. Como un hombre me dijo en cierta ocasión: «*Siempre* es un tiempo demasiado largo». Sin embargo, a medida que nos vamos ejercitando en desbloquear nuestro corazón, nos damos cuenta de que cada instante contiene en su seno esa apertura y esa calidez que fluyen libremente y que caracterizan a la alegría ilimitada.

Este es el camino que tomamos para cultivar la alegría: aprender a no recubrir con una armadura nuestra bondad básica, aprender a apreciar lo que tenemos. La mayor parte del tiempo no obramos de este modo. En lugar de apreciar el lugar y la situación en la que nos encontramos, nos resistimos continuamente y alimentamos la insatisfacción. Es como tratar de hacer que las flores crezcan echando cemento en el jardín.

Pero, al adiestrarnos en las prácticas de la *bodhichitta*, es probable que lleguemos a un punto en el que percibamos la magia del momento presente; podemos ir despertando de forma gradual a la verdad de que siempre hemos sido guerreros que viven en un mundo sagrado. Esta es la experiencia permanente de la alegría ilimitada. Es cierto que no siempre nos sentiremos de este modo, pero a medida que vayan pasando los años se irá volviendo más y más accesible.

Dedicación de los méritos

Que gracias a estos méritos todos puedan alcanzar la omnisciencia.

Que sirvan para derrotar al enemigo y la maldad.

Que pueda yo liberar a todos los seres de las tormentosas olas del nacimiento, la vejez, la enfermedad y la muerte y del océano del samsara.

Que por la confianza del áureo sol del esplendoroso levante florezca el jardín de lotos de la sabiduría del Rigden.

Que se disipe la oscura ignorancia de los seres sensibles.

Gocen de profunda y brillante gloria todos los seres.

Glosario

Práctica de la aspiración: Práctica en la que aspiramos a expandir las cuatro cualidades ilimitadas de la amorosa bondad, la compasión, la alegría y la ecuanimidad, haciéndolas extensivas a los demás.

Bodhichitta (sánscr.): El corazón despierto de la amorosa bondad y la compasión. La *bodhichitta absoluta* es nuestro estado natural, el cual experimentamos como la bondad básica que nos une a todos los demás seres vivos. Se ha definido como *apertura, verdad última, nuestra verdadera naturaleza,* el *rincón sensible,* el *corazón tierno* o, simplemente, *lo que es.* Combina las cualidades de la compasión, la apertura incondicional y la inteligencia aguda y penetrante. Está libre de conceptos, opiniones y nociones dualistas referentes a «uno mismo» y «lo otro» o «los demás». La *bodhichitta relativa* es el valor y la determinación para llegar a percibir plenamente esta cualidad del corazón tierno, sensible y abierto recurriendo a nuestra capacidad de amar y cuidar a los demás.

Buda (origen sánscr.): «El Despierto». El fundador del budismo, un príncipe llamado Siddhartha Gautama que nació en el siglo VI a. C. en lo que hoy se conoce como Nepal. A la edad de veintinueve años abandonó su palacio y emprendió un viaje espiritual que lo llevó a alcanzar la iluminación y convertirse en el Buda. Dedicó el resto de su vida a enseñar a los demás cómo experimentar este despertar y liberarse del sufrimiento. Nosotros también somos budas, también somos «los despiertos»: los que permanentemente están evolucionando y abriéndose, los que de forma continua avanzan y progresan en su camino.

Dharma (sánscr.): «Ley cósmica». Las enseñanzas de Buda, la verdad de lo que es.

Los Ocho *dharmas* mundanos: Se trata de cuatro pares de opuestos: cuatro cosas que nos gustan y a las que nos apegamos y otras cuatro que no nos gustan y tratamos de evitar. En concreto son el placer y el dolor, el elogio y la culpa, la fama y el infortunio, la ganancia y la pérdida. Su mensaje básico es que, cuando estamos atrapados en los Ocho *dharmas* mundanos, sufrimos.

Las cuatro cualidades ilimitadas: El amor, la compasión, la alegría y la ecuanimidad. Se las llama *ilimitadas* porque nuestra capacidad para experimentarlas y expandirlas no tiene límite.

Lojong (tib.): «Entrenamiento de la mente», la herencia que nos legó Atisha Dipankara, el maestro budista del siglo XI. Incluye dos elementos: la práctica de «dar y tomar» (*tonglen*), en la que tomamos el dolor y entregamos placer, y la práctica de las máximas, en la que recurrimos a consignas o lemas concisos para revertir nuestra actitud habitual de absorción en nosotros mismos. Estos métodos nos enseñan a usar lo que en principio podrían parecer ser nuestros mayores obstáculos (la ira, el resentimiento, el miedo, los celos) como combustible para alcanzar el despertar.

Maitri (sánscr.): «Amorosa bondad incondicional». Una relación directa e incondicional con todos los aspectos de nosotros mismos y de los demás. Sin sentir amorosa bondad hacia nosotros mismos, es difícil, si no imposible, sentirla también de un modo auténtico y genuino hacia los demás.

Paramitas (sánscr.): «Aquello que ha alcanzado la otra orilla» Hace referencia a las seis cualidades que nos hacen trascender las formas habituales en las que tratamos de encontrar solidez y seguridad. Las seis *paramitas* son la generosidad, la paciencia, la disciplina, el esfuerzo, la meditación y el *prajna* o sabiduría.

Prajna (sánscr.): «Sabiduría». Como sexto *paramita*, el *prajna* es la forma más elevada de conocimiento que existe, la sabiduría que experimenta la realidad directamente, sin mediación de conceptos.

Samsara (sánscr.): «Viajar». El círculo vicioso del sufrimiento que resulta de creer erróneamente en la solidez y permanencia del yo y del otro.

Las Tres joyas: El Buda, el *dharma* y la *sangha*.

Tonglen (tib.): «Dar (enviar) y tomar (recibir)». También se describe como el intercambio de uno mismo por el otro. En esta práctica, al respirar incorporamos todo aquello que nos hace sentir mal y al espirar emanamos lo que nos hace sentir bien.

Sangha (sánscr.): «Muchedumbre, congregación». La comunidad budista. El conjunto de las personas que también se encuentran en el camino del guerrero-*bodhisattva*.

Guerrero-*bodhisattva*: Aquel que aspira a actuar desde el corazón despierto de la *bodhichitta* en beneficio de los demás.

Bibliografía

Libros de los que estas enseñanzas han sido extraídas o adaptadas

CHÖDRÖN, PEMA. *The Wisdom of No Escape and the Path of Loving-Kindness.* Boston: Shambhala Publications, 1991.

———. *Comienza donde estás, guía para vivir compasivamente.* Móstoles: Gaia Ediciones, 2018. [*Start Where You Are: A Guide to Compassionate Living.* Boston: Shambhala Publications, 1994.]

———. *Cuando todo se derrumba, palabras sabias para momentos difíciles.* Móstoles: Gaia Ediciones, 2019. [*When Things Fall Apart: Heart Advice for Difficult Times.* Boston: Shambhala Publications, 1996.]

———. *The Places That Scare You: A Guide to Fearlessness in Difficult Times.* Boston: Shambhala Publications, 2001.

Enseñanzas generales sobre la *bodhichitta*

PATRUL RINPOCHE. *The Words of My Perfect Teacher.* Traducido por Padmakara Translation Group. Boston: Shambhala Publications, 1998, pp. 195-261.

SHANTIDEVA. *The Way of the Bodhisattva*. Traducido por Padmakara Translation Group. Boston: Shambhala Publications, 1997.

——. *A Guide to the Bodhisattva's Way of Life*. Traducido por Stephen Batchelor. Dharamsala, India: Library of Tibetan Works and Archives, 1998.

SOGYAL RINPOCHE. *The Tibetan Book of Living and Dying*. Editado por Patrick Gaffney y Andrew Harvey. San Francisco: Harper San Francisco, 1993.

TRUNGPA, CHÖGYAM. *Cutting Through Spiritual Materialism*. Boston: Shambhala Publications, 1987, pp. 167-216.

——. *The Myth of Freedom*. Boston: Shambhala Publications, 1988, pp. 103-126.

Las cuatro cualidades ilimitadas

KAMALASHILA. *Meditation: The Buddhist Way of Tranquility and Insight*. Glasgow: Windhorse, 1992, pp. 23-32, 192-206.

LONGCHENPA. *Kindly Bent to Ease Us*. Traducido por H. V. Guenther. Berkeley, California: Dharma Publications, 1975-76, pp. 106-122.

PATRUL RINPOCHE. *The Words of My Perfect Teacher*. Traducido por Padmakara Translation Group. Boston: Shambhala Publications, 1998, pp. 195-217.

SALZBERG, SHARON. *Lovingkindness: The Revolutionary Art of Happiness*. Boston: Shambhala Publications, 1995.

THICH NHAT HANH. *Teachings on Love*. Berkeley, California: Parallax Press, 1997.

Las máximas del *lojong*

CHÖDRÖN, PEMA. *Comienza donde estás, guía para vivir compasivamente*. Móstoles: Gaia Ediciones, 2018. [*Start Where You Are: A Guide to Compassionate Living*. Boston: Shambhala Publications, 1994.]

KHYENTSE, DILGO. *Enlightened Courage*. Ithaca, N. Y.: Snow Lion Publications, 1993.

KONGTRUL, JAMGON. *The Great Path of Awakening: A Commentary on the Mahayana Teaching of the Seven Points of Mind Training*. Boston: Shambhala Publications, 1987.

TRUNGPA, CHÖGYAM. *Training the Mind and Cultivating Loving-Kindness*. Editado por Judith L. Lief. Boston: Shambhala Publications, 1993.

WALLACE, ALAN B. *A Passage from Solitude: Training the Mind in a Life Embracing the World*. Editado por Zara Houshmand. Ithaca, N. Y.: Snow Lion Publications, 1992.

Práctica del *tonglen*

CHÖDRÖN, PEMA. *Tonglen: The Path of Transformation*. Editado por Tingdzin Ötro. Halifax, Nova Scotia: Vajradhatu Publications, 2000.

SOGYAL RINPOCHE. *The Tibetan Book of Living and Dying*. Editado por Patrick Gaffney y Andrew Harvey. San Francisco: Harper San Francisco, 1993, pp. 201-208.

Lecturas adicionales

BAYDA, EZRA. *Being Zen: Bringing Meditation to Life*. Boston: Shambhala Publications, 2002.

BECK, JOKO. *Zen día a día*. Móstoles: Gaia Ediciones, 2012. [*Everyday Zen: Love and Work*. Editado por Steve Smith. San Francisco: HarperSanFrancisco, 1989.]

——. *Nothing Special: Living Zen*. San Francisco: Harper San Francisco, 1994.

TRUNGPA, CHÖGYAM. *Shambhala: The Sacred Path of the Warrior*. Boston: Shambhala Publications, 1984.

Recursos

Si deseas obtener más información sobre las instrucciones para meditar o consultar los centros de práctica que hay en tus inmediaciones, puedes ponerte en contacto con una de las siguientes entidades:

SHAMBHALA MEDITATION CENTERS
1084 Tower Road
Halifax, NS b3h 2y5
Canadá
www.shambhala.org

SHAMBHALA EUROPE
Kartäuserwall 20
50678 Köln
Alemania
www.shambhala-europe.org

KARMÊ CHÖLING
369 Patneaude Lane
Barnet, VT 05821
www.karmecholing.org

SHAMBHALA MOUNTAIN CENTER
151 Shambhala Way
Red Feather Lakes, CO 80545
www.shambhalamountain.org

GAMPO ABBEY
Pleasant Bay
Cape Breton, NS b0e 2p0
Canadá
www.gampoabbey.org

La Naropa University es la única universidad de inspiración budista acreditada en América del Norte. Para más información, puedes ponerte en contacto con:

NAROPA UNIVERSITY
2130 Arapahoe Avenue
Boulder, CO 80302
www.naropa.edu

En las siguientes direcciones encontrarás grabaciones en vídeo de seminarios y charlas impartidas por Pema Chödrön:

THE PEMA CHÖDRÖN FOUNDATION
PO Box 770630
Steamboat Springs, CO 80477
www.pemachodronfoundation.org

KALAPA RECORDINGS
1084 Tower Road
Halifax, NS b3h 2y5
Canadá
www.shambhalamedia.com

Heart Advice: Weekly Quotes from Pema Chödrön
(«Consejos del corazón: Citas semanales de Pema Chödrön»)

¡También puedes visitar la web shambhala.com/pemaheartadvice para suscribirte a la lista Heart Advice y recibir una vez por semana palabras llenas de sabiduría de Pema Chödrön directamente en tu bandeja de entrada!

Otros títulos de la autora

CARTAS DE LA COMPASIÓN
ENSEÑANZAS PARA DESPERTAR EL CORAZÓN
Pema Chödrön

Permite que la compasión y la ausencia de temor te guíen y vivirás con sabiduría y efectividad, tanto en los buenos tiempos como en los malos. Para despertar y desarrollar estas cualidades, Pema Chödrön ofrece aquí el poderoso método Loyong, foco principal de sus enseñanzas y de su práctica personal, proporcionando todas las herramientas necesarias para aplicarlo en el día a día.

CUANDO TODO SE DERRUMBA
PALABRAS SABIAS PARA MOMENTOS DIFÍCILES
Pema Chödrön

Esta obra cálida, llena de aliento y de consejos sabios, nos recuerda que la vida es un buen maestro y un buen amigo; y que los momentos difíciles de nuestra vida, aquellos en los que uno se siente descentrado y todo parece derrumbarse, son precisamente una situación ideal para librarnos de lo que nos mantenía atrapados y para abrir nuestro corazón y nuestra mente más allá de los antiguos límites.

Otros títulos de la autora

COMIENZA DONDE ESTÁS
GUÍA PARA VIVIR COMPASIVAMENTE
PEMA CHÖDRÖN

Comienza donde estás es un manual imprescindible para cultivar nuestro espíritu intrépido y despertar el corazón compasivo. Con lucidez y humor, Pema Chödrön, autora del best seller *Cuando todo se derrumba*, nos presenta una guía práctica de cómo hacernos amigos de nosotros mismos y desarrollar la auténtica compasión hacia los demás. Nos muestra además que podemos «empezar allí donde estamos», abrazando los aspectos dolorosos de nuestras vidas en lugar de negarlos.

VIVIR BELLAMENTE
EN LA INCERTIDUMBRE Y EL CAMBIO
PEMA CHÖDRÖN

La vida parece a veces un río agitado y turbulento que amenaza con desbordarse hasta ahogarnos y destruir nuestro mundo.

Pema Chödrön plasma en esta obra un tesoro de sabiduría para aprender a zambullirse plenamente en el desafiante río de la vida y poder permanecer completamente presentes y sin miedo en medio de la existencia, incluso en los momentos más duros y las situaciones más difíciles.